改訂版 1.0

イノベーションの構造

イノベーションを起こす研究者や技術者
新事業の企画者のために

亀山正俊　著

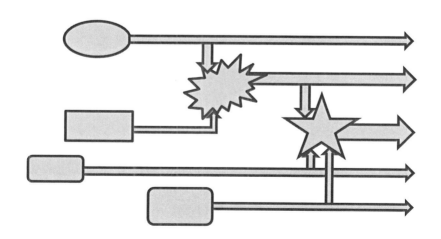

まえがき

　本書はイノベーションとは一体何なのか、どんな種類のものがあるのか、そして、それらの特性は何かを明らかにし、能力と気概のある研究者や技術者あるいは製品やサービスの企画を担当する人たちがイノベーションに臆することなく挑戦していくことを知識の面から支援することを目的に著したものである。

　筆者は大手電機メーカーの研究所に長い間勤務してきた。研究テーマの中心はコンピュータを使った表示技術の研究開発であった。研究開発に対して基本的には「いいものが開発できれば、事業に使ってもらえて会社に貢献することができる。そのために常に自分たちで考えて新しいコア技術を開発しなくてはならない」と思っていた。そのために社内でトップクラスのコア技術、あるいは社内にはまだないコア技術を先んじて開発し、保有していないといけないと考えていた。まさにいいものを作れば売れるというプロダクトアウト的な考え方である。マーケティング理論などの本を読んでいると、経済の高度成長期にはプロダクトアウトでいいが、そのうちにマーケットインにして顧客のニーズをしっかり訊かないといけないと言われているが、研究所においてはプロダクトアウト的な発想とマーケットイン的な発想の両方が必要だと思われる。プロダクトアウト的な発想によって、優れた新しいコア技術を開発し、それを製品への応用を事業部門に働きかけ、いいものであれば使ってもらえるだろう。そのうち、事業部門からの信頼が得られるようになれば、事業部門から技術的な支援の依頼

1

が来るだろう。そして積極的にその依頼に対応すれば、事業部門のニーズもわかり、マーケットイン的な考え方により、より優れた技術に仕上げ、事業に貢献することができる。一旦、作り上げたコア技術によって事業に貢献することができれば、顧客ニーズを基にした開発により事業への貢献もできるという考え方である。実際、技術レベルの高いコア技術があれば、事業部門からのアプローチも多くなり、いっそう事業に貢献できるというのも事実である。

　以前、このような考え方で、社内の他の研究所とも議論しながら筆者らはある表示技術の開発を行った。プロダクトアウト的な考えで、工場のニーズや意見は全く訊くことなく、議論と開発を進めた。大体の開発の方向性が決まったとき、自分ではこの表示技術は世の中にもないし、面白いと思って開発を進めることにしたが、それがどのような事業に使うことができるのかは後で考えることにした。しばらくしてその技術が予定どおりでき上がったので、次に事業に使ってもらわないといけない。当然ながら開発した技術は事業化されてこそ価値があり、事業化されなかったらムダなことをしただけで付加価値を作ったことにはならない。それまでその表示技術については工場とは全く話をしていなかったので、どの工場に事業化の話を持っていったらいいかというところから検討しないといけなかった。いろいろ議論した結果、とりあえず、以前にあるプロジェクトで一緒に開発したことのある工場に的を絞り、特定の事業に使ってもらうことを想定して提案書を作成し、開発した技術を売り込みに行った。

　先方の工場の関係部門の部長、課長を前に研究所としての提案を意気揚々と説明した。きっと話に乗ってくるだろうと甘い考えを抱きながら話を進めていった。説明をした後、フリーディスカッションとなったが、残念ながら結果はさんざんだった。最も関係すると思われていた部署のマネージャから徹底的に拒否され、事業のことを全く知らない研究者のごとくあしらわれ、悔しい思いをして帰ってきた。研究所は顧客とは直接接触することはないので顧客のニーズについてはよくわからないのは当然である。

だから工場に顧客と接触してもらい感触を探ってもらいたいのであるが、印象が悪かったためかそこまで話は至らなかった。そのために提案した表示技術は半分お蔵入り状態になった。しばらくその工場には行く気にもならないほど落ち込んでしまい、別のプロジェクトに注力して、売り込みに行った表示技術は手を付けないでいた。しかし、その後、その表示技術の提案がある事業部門に流れ、なんとその事業部門が使いたいということになり、数か月経ってからその連絡が来た。その事業部門は顧客にシステムを提案していたが、競合他社も同じような提案でどんぐりの背比べ状態だったようである。そこで我々の提案した新技術を入れて顧客に提案したところ顧客が乗ってきたというわけである。他社の提案とは全く違う差別化されたステムとして顧客が気に入ったのである。それが始まりで、他の顧客にも次から次へと同様のシステムを受注することができた。

　結果的には思いがけず大きく事業に貢献することができ、当初の予想以上にその目的を達成することができた。しかし、技術を提案したときに拒否されたことが脳裏にあったのか、その後、その工場には足が遠のいてしまった。最初に提案したときになぜあんなに強く拒否されたのか、よくわからず、悪い印象だけがトラウマとして残ってしまったようである。

　一方で、筆者らのチームにすでに別のグラフィックスの高速描画技術を保有していて、あるITシステムにその高速描画技術が使われ、うまく事業が継続していた。ある日、今まで全く付き合いのなかった工場から突然電話がかかってきて、そのITシステムで使っていた高速描画技術を使いたいと言われたのである。その工場とはそのときまで全く付き合いがなく、自分たちに関係する技術が使われていることさえ知らなかった。工場からの要求なので、この話はトントン拍子で進み、すぐにプロジェクトの体制と工程が作られ、短期間の工程でプロジェクトが完了した。この開発プロジェクトは何の障害もなく、お互いに気持ちよくプロジェクトを完了することができた。そして、開発した製品の性能を一段と高くすることができ、

工場の関係者にも喜んでいただき、事業にも大きく貢献することができた。

　ここに述べた二つの事例は両方とも成功したイノベーションの例で、両方とも事業に大きく貢献することができたが、前者の方が事業的なインパクトは多少大きかったように思われる。前者の例が結果的には非常にうまくいったのに、なんであんないやな思いをしなくてはならなかったのかという疑問は頭の中の片隅にずっとあった。

　筆者はその後、米国のボストンにある研究所に転勤になった。上司の計らいで、2005 年の冬に MIT (Massachusetts Institute of Technology：マサチューセッツ工科大学)のビジネススクールであるスローン校で「エグゼクティブ MOT (Management Of Technology：技術経営)」という 2 週間の集中講座を受講することができた。この講座では技術の変化や特性、研究開発の在り方を分析している。特にイノベーションに関わる講座が半分程度あり、イノベーションを分析し、体系的、論理的に説明されていたことに驚いた。この講座を受講して、がむしゃらに新技術の開発をし、イノベーションを起こそうとしているやり方ではアメリカには敵わないと素直に思った。その後、イノベーションに関係する書物をいくつか読んで、イノベーションのことを一層体系的、論理的に頭の中で整理することができた。そして、以前に自分が経験し、頭の中にあった「成功したのに提案時に徹底的に拒否されてしまい、なんであんなにいやな思いをしなければいけなかったのか」という疑問が必然の出来事だったと理解することができるようになった。しかも事業部門からの抵抗が大きければ大きいほど、より大きく成功する可能性があるということも理解することができた。もちろん、事業化部門が拒否した技術にはつまらない技術もあることは言うまでもない。そのような意味ではスローン校での「エグゼクティブ MOT」の講座ではイノベーションをしっかり分析し、体系的な一般的論理を学んだことはイノベーションの論理を学ぶきっかけになったと言える。

著名な大企業の経営層の人々の講演を聞くと、話がうまくて自分のさまざまな経験を面白く語られる人が多い。経営層の人々に経営で何が大切かと質問すれば「経験」が重要なものの一つであるという人が多いのではないだろうか。実際にそのように語った経営層の人も身近におられた。大企業の社長になるような人は社長になる前にいくつかの重要なポジションを経験しているし、人事もそのような施策を実行していることが多い。経験は経営に重要であることに間違いはない。経験で学んだ論理は強く、忘れることはない。経験で学んだ論理を一般化にすれば他にも活用することができる。しかし、ビジネスの論理を経験だけで学ぶには会社人生は短すぎるのではないだろうか。特に大会社の中で、経営層でいられる期間はせいぜい5年から10年程度ではなかろうか。もちろん、経営層になる前の経験も役に立つことはたくさんあるが、経験する地位の数にも限りがあるし、特定の地位の在任期間が短ければ経験も短くなり、経験から得られる知識も浅くなる。グローバル化が進展し、多様でさまざまな新しい問題が起こってくる企業社会では経験だけに頼っていては意思決定のスピードは遅くなる。

　このような経験を補うには書物や大学などでビジネスの論理もしっかり学んだ方がいい。米国にはビジネスの論理を学ぶためのビジネススクールで、資格を取ったコースだけでも約500あると聞く。日本には経営学で有名な大学にはビジネススクールがあるが、その数は少なく、仕事を中断してビジネススクールに入って経営学を学ぶ人は少ない。仕事がよくわかってきた20歳代の後半から30代ぐらいまでにビジネスを理論として学ぶのがいいのではないだろうかと思われるが、仕事を中断すると将来の出世競争に不利になることが多い。ビジネスの論理を多く知り、その論理の量が意思決定のスピードと質を左右すると言ってもいいだろう。19世紀のプロイセンの宰相だったビスマルクは「賢者は歴史に学び、愚者は経験に学ぶ」と言ったが、仕事の論理を学ぶことの大切さを語ったということでもある。優れた経営判断をスピーディに実行するために、経営の論理を学ぶことは

経営を経験することと同じように重要であり、これからの経営層は論理を学ぶことと経験することの両方をしっかりやるべきだと思う。

　筆者は会社人生の最後の 10 年間は人材育成を担当した。社内の研修である。今でも各社が重要な育成施策として同じように取り組んでいるのが、イノベーションを起こすような人材を育成することである。筆者らもそのためにいくつかのイノベーションに関する講座を作り、著名な大学から先生に来てもらってイノベーションに関する講演会などを開催したことがある。

　あるとき、研究所において著名な大学教授をお招きして、イノベーションの講演会を開催したことがある。講演の内容は技術革新らしきものが起こったときにどのようにマネージメントして事業に結び付けていくかという内容だったと記憶している。革新的な技術が創出されたあと、それをうまくマネージされて事業に結び付けることは会社の成長にとって重要なことである。革新的な技術が事業としてうまく成功するかどうかよくわからないからと言って置き去りにして何もしないようでは企業の成長は見込めない。ひととおり、講演が終了して質問時間に入ったとき、最初に前の方に座っていたやる気のありそうな若い技術者が手を上げて質問した。質問の内容は「それでどうやってイノベーションを起こすのですか」というものであった。非常に根本的な質問である。この技術者はイノベーションを起こすべき革新技術をどうやって創出することができるのかという問題意識を持ってこの講演会に臨んできたようである。「そうだよな、ここは研究所なのだから革新技術をどうやって創出するのか、そこのところを一番知りたいよな」と筆者も素直に思った。しかし、その質問に対する解はそう簡単ではない。そのような理論が確立していれば革新技術を容易に起こすことができるではないか。この質問にはそう簡単に答えることはできそうもない。しかし、革新技術を思い付くヒントになるようなことや思考の手順、注目するべきこと、日頃からの習慣などはいろいろあるはずである。

イノベーションって一体何で、どんな種類のものがあるのか、それぞれの特性は何か、そのようなことを研究所の人たちはもっと理解し、論理的に思考すれば、新しくて優れた革新的技術を思い付くことも多くなるかもしれないし、事業化にもスムーズに繋げることができるかもしれない。技術者や事業企画者にイノベーションの論理をもっと理解してもらう必要がある。

　筆者は社内で研究開発を長年担当してきたので、人材育成を担当するようになって、研究開発と人材育成の両方が関係するイノベーションの理論に興味を持ち、イノベーションに関する本や新聞、雑誌、学会誌を読むようになった。イノベーションに関する著書や記事はたくさんあるが、研究者や技術者の目線での著書は少ないことに気が付いた。経営学的な視点での著書が多いが、もともと経営学を専門とされている先生方が著されていることが多いので仕方がない。そのようなわけで、本書は筆者が書物や雑誌、あるいは大学の講座などから得た知識と筆者の経験をベースに、研究者や技術者の目線でのイノベーション、特に破壊的イノベーションを理解するために述べるつもりである。

　本書は8章から構成される。第1章はイノベーションとは何かを議論する。イノベーションにはどんな種類があり、それらはどのようなものか、その概要について解説する。第2章は破壊的イノベーションと持続的イノベーションについて解説する。特に取り組むことが難しい破壊的イノベーションについては5つに分類して、それぞれの特徴を、事例を使って解説する。第3章は大企業が破壊的イノベーションに取り組むのが難しい理由について解説する。第4章は特に破壊的イノベーションを推進するための日米の企業環境と現実について述べ、大企業で破壊的イノベーションを推進するための手法について議論する。持続的イノベーションについては、大企業は得意であるが、破壊的イノベーションと比較して、その違いを明

確にする。第5章は製品イノベーションと工程イノベーションについて述べる。日本の大企業は工程イノベーションが特に得意である。消費者はイノベーションを製品というモノで実感することが多いが、製造工程や物流にも多くのイノベーションがある。第6章ではサービス業のイノベーションについても簡単に触れておく。第7章はビジネスのモデルを変えてしまうとか、収益の源泉が変わってしまうビジネスモデル・イノベーションについて議論する。第8章はイノベーションを起こす人材や組織について議論する。全体に説明をわかり易くするために多くの事例も入れた。

　本書が志の高い研究者や技術者、事業企画を担当する人たちがイノベーションに関する論理を体系的、論理的に理解し、目標とする革新技術を定めて、臆することなくイノベーションに立ち向かいうことに役立てられることを期待する。

　本書では多くの著名な方々の言や著書を多く引用しているが、敬称は省略しているのでご容赦願いたい。

目次

第1章 イノベーションとは

　「イノベーションを推進しなければならない」「日本は科学技術立国として生きていかなければならない」などと言われ続けて久しい。しかし、経済規模の大きい先進 7 ヵ国 G7 の中で日本の一人当たりの GDP は 6 位が最近の定位置である。まだまだ日本においてはイノベーションが十分であるとは言えず、イノベーションを推進する施策が必要である。まずはイノベーションとは何かというところから話を進めていきたい。

　イノベーションの定義は多くの人が行っている。「技術革新」、「新結合」、「今までになかった新製品や新サービス」、「新しい価値の創出」などいろいろな定義があるが、一橋大学イノベーション研究センター編の著書(26)では「経済効果をもたらす革新」と定義しているが、よく考えられた定義といえるだろう。革新的な技術や手法によって新製品や新事業が創出され、事業規模が大きくなって収益も増大し、経済効果がもたらされる状態になったときに、以前に行われた技術やビジネス手法の革新をイノベーションということだと言っているのである。今までの技術とは全く違う革新的な新しい技術が生まれても、ほんの一部の顧客にしか使われないようではイノベーションとは呼ばれない。また、革新的技術ではあるが、いつまで経っても高価なために普及しないようでもイノベーションとは呼べない。今までの技術とは全く異なった新しい革新的な技術が創出され、その技術を

使った製品が社会に浸透して広く使われ、大きな付加価値が生まれ、顧客に恩恵をもたらすだけでなく、企業や従業員にも恩恵をもたらし、社会に貢献することができてイノベーションと言えるのである。

　イノベーションが進展すると、それによる新しい製品や新しいサービスを表すことばが生まれ、ごく普通に使われるようになることがあるのもイノベーションの特徴である。最近だと、スマホ、タブレット、ググる、SNS (Social Network Service)、ハイブリッド車、EV (Electrical Vehicle)、スタバ、ライドシェア、シェアハウスなどのことばが生まれている。そういえば、昔、ゼロックスのコピー機が広く使われ始めたとき、コピーすることを「ゼロックスする」と言っていたことがあった。会社の名前が動詞になってしまったのであるが、ゼロックスのコピー機が社会に広く浸透したことを示している。他にもいろいろあるだろうが、イノベーションが起こるとそのイノベーションを表す新製品や新サービスを表すことばができ、社会に浸透し、何の抵抗もなく使われるようになることがしばしばある。

1.1　イノベーションのプロセス

　イノベーションは企業などの技術者や経営者が新しいアイデアをひらめいて、それに基づいた革新的な技術を開発することによって新製品や新サービスを創出し、事業化して顧客に提供することから始まる。いくらいいアイデアがひらめいても事業化しなければ始まらない。事業化し、新製品や新サービスを顧客に提供することになるが、それだけではダメで、それなりの事業規模となり、さらに収益化しないといけない。つまり、革新的技術を基に新製品を作って新事業を興すか、事業を大きく変えてその事業が成功したものがイノベーションである。いくら技術が斬新で革新的であ

っても事業化で失敗してしまってはイノベーションとは呼ばれないし、いつまで経ってもその事業が赤字を垂れ流しているようではイノベーションにはならない。したがって、イノベーションと呼ばれるようになるには、一般にはそれなりの時間がかかり、後にならないと分からないことが多い。図 1.1.1 はイノベーションのプロセスを表したものである。

図 1.1.1 イノベーションのプロセス

アイデアのひらめきによって革新的技術を創出する

「(1)革新的技術の創出」のプロセスは、新しいアイデアをひらめいてそれによって革新的な技術や手法が創出され、それが優れていることを実証するプロセスである。かの発明王エジソンも「天才とは、1%のひらめきと99%の努力である」と言っている。努力はもちろん重要であるが、努力だけではだめで、何か問題を一点突破できるひらめきが必要である。

革新技術の創出と実証は、企業の中では主に研究所で行われる。新しい技術のアイデアをひらめいたら、試作して優れていることを実証しないといけない。ことばで新しいアイデアを説明するだけではなかなか先に進むことはできない。試作してデモを行い、その新技術が優れていることを証明できれば、関係者により深く納得してもらうことができ、先に進むことができる。ここで新しい技術がなくても新しい手法でもよい。サービスやビジネスを変革する場合には新しい技術が伴わないことがあるからである。

以後、本書では新製品には新サービスを含めることとする。また、革新的技術には革新的手法も含まれることとする。

革新的技術はきらめいていなくてはならない

　革新的技術には「きらめき」が必要である。何かはっとするようなアイデア、なるほどと思われるアイデアを「ひらめいて」、それが「きらめいて」いないといけない。何の特徴もないような技術を考え出しても革新することはできない。ただし、そのアイデアにきらめきを感じるのは 10 人中 10 人ではないかもしれない。10 人中 5 人ぐらいが素晴らしいアイデアと感じるかもしれないが、残りの 5 人は意味のないものに感じるかもしれない。場合によっては何も感じない人がもっと多いかもしれない。そのように意見が分かれるのは致し方ない。逆に、反対者がいる場合にはほんとうに意味のないものかもしれないが、現状のものより、いっそう革新的である可能性もある。いずれにしても何人かの人にインパクトを感じさせるようなものでないといけない。

　単に技術の積み上げだけでは改良にしかならない。自分たちがいる分野ではまだだれも思い付いていないようなアイデアがないといけない。それは全く新しい技術でなくてもよい。どこか他の先進的な分野で使われていて、それを自分たちの分野に持ち込むことによってその分野では革新的な技術になることがある。また、別の分野の技術を自分たちの分野の技術と結合させることによって革新的な技術になることもある。そのような意味では他分野の技術を知り、他分野の人と交流して連携することは重要である。もちろん、全く新しい技術を創り出すことができればそれに越したことはないが、そのような全く新しい技術は往々にして技術を確立するのに時間がかかることがある。他の分野で使われていた技術を流用することは、他の分野でその技術はすでに確立されていれば、迅速に技術を創り上げることができ、企業のスピード感とマッチし、製品化を素早くできることがある。

事業化しなければ始まらない

　革新的な技術を創出し、試作してそれが既存製品より優れていることを

4

実証しても製品化されるとは限らない。企業においては、「(2)事業化」するかどうかはアイデアを創出した研究開発部門の人ではなく、事業部門の人が決めることであり、事業部門には研究開発部門とは違う事業部門の論理があるからである。たとえば、新しい技術を導入すると、今まで培ってきた技術が役に立たなくなり、それらを全部捨てないといけないし、新しい技術を理解するために社員を再教育しないといけないと考え、トレードオフが大きすぎると考えるかもしれない。また、現事業には特に問題はなく、顧客も満足していれば、新しい技術を導入しなくてはならないモチベーションはなかなか働かないこともある。その結果、事業部門は新技術を受け入れようとはせず、様子見か事業化は見送ろうということになってしまうのである。このようにして、多くの研究開発成果が事業化までたどり着けずに捨てられてしまう。

　研究開発と事業化の間のバリアは「死の谷」と呼ばれ、多くの研究開発成果がここに捨てられてしまう。利用価値のない研究開発成果は捨てられても仕方ないが、研究開発成果が捨てられてしまえば、投資したリソースが無駄になってしまい、なんとかこの「死の谷」のバリアを小さくしたいと考えるのが企業のマネージメントである。そのためには、研究開発部門と事業部門のコミュニケーションをよくして研究開発成果は必ず事業化するような施策を行うべきだと考えるようになったりする。しかし、そのようなコミュニケーションをよくし過ぎると、事業に近い目先の研究開発しかしなくなることもある。新しい技術の研究開発と事業化はトレードオフとなる面があり、新奇性と事業性のバランスをとったマネージメントが求められる。

収益化するとイノベーションと呼ばれる

　「(3)収益化」するには新製品を事業として社会に浸透させ、広く使ってもらう必要があり、企業は継続的な投資と地道な努力が必要である。具体的には下記のようなものが必要である。

- 継続的な改良開発
- 生産ラインの整備充実
- コスト低減活動
- 営業部隊の整備・充実
- 宣伝活動
- 新技術修得のための教育

　最初の新製品一つで巨大な市場を創出して大成功することもあるかもしれないが、そのようなことは稀である。新製品が市場に投入されると問題点が見つかり、新しい顧客ニーズが生まれ、あるいは競合他社が現れ、競合に勝ち抜くために次から次へと継続的に新製品を改良開発し、市場に送り込んでいかなくてはならない。それによって、より優れた製品となり、市場がだんだん大きくなっていく。継続的な改良開発を進めるためにはしっかりした開発部隊を保有していないといけない。

　市場が大きくなったら、それに対応できるように生産ラインを整備充実しなければならない。せっかくいい製品を作ったけど生産が追い付かないようではマネージメントの失敗である。もたもたしているうちに他社に市場を取られてしまうことにもなる。

　コスト低減活動は売値が同じでも利益を増加させる手法として有効である。また、後発メーカーはマーケットシェアを確保するために無理な値下げをしてくることが多々あり、それに対処していくためにも常にコスト低減の活動を行っていく必要がある。

　営業部隊の整備・充実、広報活動は顧客に新製品の情報を発信するために重要である。顧客への技術説明や質問対応には新製品の技術を修得した技術者を育成するための教育も重要である。市場が成長しているときには特に宣伝活動が重要である。テレビや新聞、雑誌などのマスメディアを使った宣伝活動が効果的である。

　新製品のベースとなる基本技術が全く新しい技術の場合、営業マンや保守員はその技術を修得しなくてはならない。もちろん、現場でのOJT (On the Job Training）による教育も重要であるが、組織的に対応するためには新技術を修得するためのプログラムなどが必要になってくる。

　これらの機能は既存の企業、特に大企業がすでに備えている組織能力（Organizational Capability）であり、組織能力の強い大企業ほど(3)収益化は得意である。組織能力が高ければ、安定して生産し、顧客ニーズを満足させるような新製品をスピーディに開発し、宣伝して高収益をあげることができるからである。

　大企業の課題は(1)革新的技術の創出と(2)事業化というリスクの伴う部分の意志決定をスピーディにできるかどうかである。安定的に収益をあげている大企業にとって業界で先行参入するというリスキーなことはあまりやりたくないと考える人も多い。このことについてはイノベーションのジレンマのところで議論する。

　新しい発想の技術で起業するベンチャー企業は(1)革新的技術の創出は自分たちの存在意義として行うが、(2)の事業化や(3)の収益化がどちらかというと苦手である。それは費用がかかるからで、しっかりした経済的な後ろ盾が必要であり、それを助けるのが VC（Venture Capital）である。いいアイデアを持ったベンチャー企業と VC がうまく繋がるような仕組みができているとベンチャー企業が活気付く。

　このように考えていくと、イノベーションの本質は(1)革新的技術の創出と(2)事業化の部分であり、(3)収益化はイノベーションが達成されるための必要条件であるといえる。

【ポイント】
・　イノベーションとは「技術革新」と訳されることが多いが、革新的な技術が事業化され、収益化することが必要条件である。
・　イノベーションが進むとそれを表す新しいことば（スマホとかハイブリッド車とか）が生まれることがある。
・　イノベーションのプロセスは(1)革新的技術の創出、(2)事業化、(3)収

益化の順で行われる。

- 新しいアイデアのひらめきによって革新的技術が創出される。そのアイデアは他の業界で使われているものを持ってきてもよい。
- 革新技術はきらめいていなくてはならない。特徴のない技術を積み上げただけでは改良にしかならない。
- 革新的な技術を創出しても事業化されないと始まらない。事業化する人は革新的な技術を作った研究開発者とは異なった事業担当者が決断するので、双方に十分なコミュニケーションと理解が必要である。
- 多くの研究開発成果が事業化されずに捨てられてしまうことがあり、そのようなロスを徹底的に削減しようとすると、目先の研究開発しかしなくなることがある。新規性と事業性のバランスをとった研究開発マネージメントが求められる。
- 収益化は企業の継続的な活動であり、投資や継続的な改良開発が必要となり、組織能力の高い大企業が得意である。
- ベンチャー企業は革新的技術の創出は得意であるが、投資が必要な事業化や収益化は苦手である。それらを支援するのが VC であり、ベンチャー企業と VC がうまく繋がるような仕組みが必要である。

1.2　イノベーションのS字曲線

イノベーションを技術の成長という視点から分析する。横軸に時間、縦軸を技術の性能とすると、イノベーションは図 1.2.1 のような S 字曲線を描くことが知られている。これはリチャード・フォスターの著書[15]に述べられている。

S 字曲線は、その特徴から分類すると、黎明期、成長期、成熟期から構

成される。

　黎明期は試行錯誤しながら新しいアイデアを創出して実証するステージである。目標が不明確で、何が最もよいのか試行錯誤しているために急激に性能が向上するわけではないが、徐々に求めるものが見えてくるステージである。製品の形がとりあえず見えてきて、顧客も獲得できそうで、事業化すればなんとか利益を出してやっていけると判断されれば、事業化する意思決定がなされ、最初の製品が出荷される。

　最初の製品が顧客に受け入れられ、市場が拡大していくと、顧客の要望に応じて改良を重ねてより高性能な製品にしていくのが成長期である。この成長期のステージが最も活況がある。成長が著しければ、成長期には多くの競合企業が参入し、差別化するために活発な開発競争が行われる。

　そのうち、改良するアイテムも少なくなり、性能向上が滞ってしまうと成熟期のステージになる。成熟期では主要機能の性能向上のための開発は滞るが、低コスト化開発や製品のラインアップは続けられる。

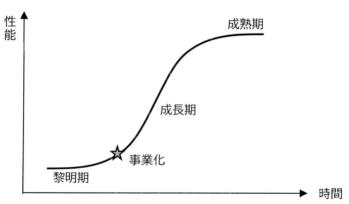

図 1.2.1　イノベーションの S 字曲線と 3 つのステージ
（R. Foster の S 字曲線に各ステージを追記）

黎明期の開発目標を KSF として設定する

　創造的な人が新しい技術やビジネスのきらめくアイデアを思いついたと

き、それは果たして使い物になるのかどうかはわからず、何かもやもやした状態が続くものである。黎明期はそのような時期であり、考え得る他の代替案と比較しながら考え続け、何度も反芻しながらベストなアイデアに仕上げていき、「これで行ける」という確信になっていく。

経営戦略論に KSF (Key Success Factors) あるいは KFS (Key Factors for Success) ということばがあるが、これは何か課題が与えられたときに成功するためにクリアするべき必要条件のことである。遮二無二何かをやろうとしても仕方がない。新技術を開発しようとしたとき、クリアするべきいくつかの条件を KSF として最初に設定しておき、それらがクリアできる目途が立ったら試作し、事業化の活動を始めるということを決めておくとよい。KSF としては性能やコスト、拡張性、統一性など、製品としてクリアしておかなくてはならない特長を条件とするのがよい。

試作してデモする

発案したアイデアが設定した KSF をクリアし、発案者が新技術を事業化ができるという確信を得られたら、試作機を作り、その新技術が事業に使えるということを事業部門の人々に認めてもらうためにデモンストレーションを行う必要がある。口先だけで説明していただけでは関係者になかなか納得してもらえない。納得してもらうためには試作機を作ってその優秀さを実証するところまでやらないといけない。「百聞は一見にしかず」である。上司や経営層、製品化担当者あるいは営業マンなどの関係者に試作機のデモンストレーションを見てもらい、その人たちから評価を得る必要がある。このようなステージが技術の成長における黎明期である。

新技術の黎明期は一般には研究の段階である。技術の研究とは世の中の先端技術を知った上で、自身の持っているコア技術を磨き、事業化するための仮説を立て、課題を設定してそれを遂行し、優れたコア技術を創り出すことである。したがって、黎明期には末端の管理職や中核的な研究者、技術者が中心に活躍する。また、基本的なアイデアが創出されるので数は

多くないかもしれないが、基本特許を漏れなく出願しておく必要がある。

　黎明期において、いかにして革新的な技術やビジネス手法を創出するかというマネージメントは難しい。高い技術と創造性、新技術に対する意欲を持った人に自由に発想してもらい、オープンに議論できる環境を作ることが大切である。革新的な技術やビジネス手法を創出できる能力を持った人は限られており、そのような人に機会を与える必要がある。また、放任しすぎるのもよくない。しっかり、期限を決めて進捗状況や技術をチェックする必要がある。ただし、上位の管理職が失敗しないようにするために事業担当者の意見をしっかり聴くようにと言い過ぎたりすると、その技術の特異な部分の芽を摘んで特徴のないものにしてしまったり、なかなか実際の開発に着手できなくて開発が大きく遅延したり、場合によっては開発しないという判断になってしまうこともあるので注意する必要がある。多少のリスクを背負い込むことになるが、いい技術ならしっかり見守っていかないといけない。

事業化は事業部門が決める

　黎明期の最終ステップに事業化がある。事業化が行われなければイノベーションは始まらない。企業の研究所などで革新的な技術ができたと言って喜んでいても付加価値を創出したことにはならない。事業化して顧客に購入してもらい、その技術を使ってもらって初めて付加価値を創出したことになる。企業では事業化を判断するのは事業部門であり、研究開発部門ではない。つまり、事業化をする時点で、意志決定する人が変わり、判断基準が変わってしまう。黎明期の技術者は自分の興味によって技術を深掘りし、何とか事業に貢献したいと考えて新しい技術を創出する。しかし、事業化するかどうかは顧客を満足させてしかも収益を上げられるかどうかという点が注目される。事業担当者は新しい技術が今までの技術と全く違う場合には今までの技術を破棄しなければならないというロスが発生することも考慮しないといけない。また、新しい技術を使う場合にはそれを学

11

習しないといけないという新たな負担が発生する。このようなロスと新たな負担がスイッチングコストとなり、新技術の採用を躊躇させる。このスイッチングコストがメリットに比べて大きいと判断された場合や、現状のビジネスが順調で特に問題はなく、現状のビジネスに資源を注力するべきだと判断されれば、新技術の事業化は見送られることになる。先に述べた「死の谷」に放り込まれてしまうのである。しかし、新技術のメリットがこのスイッチングコストより大きいと判断されれば、事業化開発のプロジェクトがスタートする。

　事業化が決まれば、プロジェクト・リーダーが決められ、製品開発するための組織が作られ、スケジュール、目標性能や機能などの仕様が設定され、トップダウン的に物事が決められていく。そして、実際に目標性能や機能が満足する製品ができあがれば、いよいよ製品として販売されることとなる。

成長してイノベーションになる

　最初の製品が市場に出て、多くの顧客がその製品を使用し、それなりに満足し、顧客が使っていくうちにさらなる顧客ニーズが生み出される。そうすると、企業は差別化を図るためにより高性能な次の製品の開発に着手する。そのようなことが繰り返されると成長期になる。

　成長期では顧客がより優れたものを欲しがる。企業は顧客からのニーズをしっかり訊き、そのニーズに沿ったものを作れば売れる。このようにして市場が急激に拡大して大きな市場となり、新規参入者が次々と現れて競争が激化すると、まさに「雨後の竹の子」、「サトウキビに蟻」の状態になることがある。パソコンや携帯電話が生まれて市場が急激に成長し始めた時にはまさにそのような状態であった。成長期に入ると、熾烈な差別化のための開発競争が行われる。比較的ニッチな市場で、高度な技術が必要だと他社からの参入がないこともあるが、市場が大きくなれば競争は熾烈になる。成長期には企業はボリュームゾーンの市場の獲得を目指し、開発、

製造の投資も盛んになり、企業活動が最も活発になる。開発技術者は自社製品を守るために派生特許や応用特許など多く出願される時期である。この時期は優秀なプロジェクト・リーダーによって計画的、戦略的に事業が進められる。技術の開発競争が激しく、他社に技術で追随できないとその事業から脱落することとなる。

　優れた製品だと思って世の中に製品を出しても、一向に顧客が目を向けてくれないと次の開発に進むことは難しい。つまり、最初の製品である程度の顧客の心をつかまないと成長期は訪れない。成長期が訪れないと一般にはイノベーションにはならない。そのような状態は図 1.2.2 のようになる。

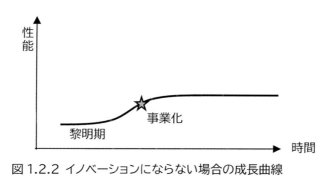

図 1.2.2　イノベーションにならない場合の成長曲線

　図 1.2.2 のような成長曲線が描かれるのは最初の製品が全くの期待外れで全然売れないという状態である。開発した研究者や技術者はうまくいくと信じていても市場は思うように動いてくれないという状況である。このような製品は目立たないだけで、ひっそりと事業の幕を閉じることになる。

成熟期は価格競争になる

　成長期には製品の差別化を求めた激しい開発競争が行われるが、だんだん改良すべきアイデアが枯渇し、徐々に性能向上の幅が小さくなり、付加

13

すべき機能も少なくなって差別化が難しくなると成熟期になる。

　成熟期になって製品の性能や機能による差別化が難しくなると、顧客はどの製品を買っても大して変わらないと思うようになる。そうすると価格が主要な差別化アイテムとなり、多くの顧客は少しでも価格の安いものを購入するようになる。そのために企業は低コスト化開発に注力し、価格競争に陥る。このようにして徐々に熾烈な価格競争に陥り、コスト耐力のない企業は利益を出せなくなって市場から退出することになる。

　また、成長期では企業はボリュームゾーンでのマーケットシェアを獲得しようとするが、成熟期ではボリュームゾーンのマーケットシェア獲得競争は大方終わってしまい、ローエンド機種やハイエンド機種を開発して製品のラインアップをしようとする。また、ニッチな市場で頑張ろうとする企業も現れてくる。

　成熟期では価格競争が熾烈になるので、新製品開発には投資ができにくくなる。新製品開発に多くの投資をしても得られる技術成果の量は小さく、利益を食いつぶすことになり、利益率が下がる。一般に日本企業はこの成熟期になっても新製品開発を行うことが多く、欧米の企業に比べて利益率が小さい原因になっているように思われるが、それによって成熟した製品でも競争力を維持し続けることができているとも言える。つまり、日本企業は成熟期には利益を削ってマーケットシェアを維持しようとしているように見える。

【ポイント】
・　イノベーションを横軸に時間、縦軸に性能とすると S 字曲線で描かれる。S 字曲線は黎明期、成長期、成熟期のステージから構成される。
・　黎明期は研究によって革新的な新技術を創出し、事業化を含めて試行錯誤するステージである。あらかじめクリアするべき条件を KSF として決めておいて、それを達成したら試作し、デモして事業化の活動をするとよい。

- 新技術の事業化は事業部門が研究開発とは別の視点で決める。顧客価値とスイッチングコストのトレードオフ、現状の事業状況などから事業化するかどうかが決められる。
- 事業化を開始して市場が拡大すると成長期になる。市場の拡大に応じて参入企業も増加する。このステージでは主に差別化開発が行われ、性能、機能が追求され、企業はボリュームゾーン市場の獲得を目指す。成長期が訪れて初めてイノベーションが起こったと言える。
- 製品の改良のアイデアが枯渇してくると成熟期になる。成熟期では価格競争が激しくなり、コスト耐力がないと市場から退出することになる。また、高級機、低価格機の開発も行われ、ラインアップが行われる。ニッチ市場もできてくる。

1.3 イノベーションの分類

イノベーションのことをよく理解するためにイノベーションを分類する。イノベーションということばの前にさまざまな用語が付けられて、数多くの何とかイノベーションということばが生まれているが、ここではイノベーションを2種類の分類で説明する。一つ目の分類はベースとなる基本技術が変化するかどうかによって分類する手法であり、二つ目の分類はイノベーションの対象によって分類する。

1.3.1 基本技術の変化による分類

イノベーションはベースとなる基本技術を変えてしまうかどうかによっ

て 2 つに分けられる。これは研究開発に携わるとすぐに分かることで、そのマネージメントについては多くの人が議論してきた。

画期的イノベーションと漸進的イノベーション

　以前はベースとなる基本技術が今までとは全く異なる新しい製品やサービスを創出することは Radical Innovation と呼ばれ、日本語では画期的イノベーションとか急進的イノベーションと訳されてきた。一方、ベースとなる基本技術は同じであるが、大きな改良や付加機能の増大によって著しく性能や機能、使い易さを向上させることを Incremental Innovation と呼び、日本語では漸進的イノベーションと訳されてきた。筆者がかつて米国の会社と共同で仕事をしていたとき、前者の技術を Revolutionary Technology、後者を Evolutionary Technology と呼んでいた米国の技術者もいた。日本語では革新的技術と進化的技術と訳されるだろう。

破壊的イノベーションと持続的イノベーション

　1997 年にハーバード大学教授のクレイトン・クリステンセンが "The Innovator's Dilemma" という本を著し、2001 年に「イノベーションのジレンマ」⁽⁵⁾という日本語の訳本が出版された。この本の中では Radical Innovation が Disruptive Innovation に、Incremental Innovation が Sustaining Innovation ということばに置き変えられていた。訳本では前者が破壊的イノベーション、後者が持続的イノベーションと訳され、それまでより刺激的な用語になっている。画期的イノベーションとか急進的イノベーションは破壊的イノベーションと同じ意味で、漸進的イノベーションは持続的イノベーションと同じ意味と考えてよい。クリステンセンが著した「イノベーションのジレンマ」という本はイノベーションの理論に関して一大センセーションを引き起こし、米国のビジネスマンの必読書になった。この本は多くの人に読まれ、イノベーションを語る多くの人々が Disruptive Innovation／破壊的イノベーション、Sustaining Innovation

／持続的イノベーションを使うようになった。したがって、本書でも破壊的イノベーションと持続的イノベーションということばを使って説明していくことにする。

　筆者は長い間、企業の研究所に勤務していたが、研究所で仕事をしていると、この2つの研究開発の方向性があることにすぐに気付かされたし、同僚の人たちとときどきそのことを議論したこともある。大企業の中にはさまざまな製品とそれらを支える技術があるが、研究所でもそのような既存製品を支える技術を改良し続けている。そのような技術を引き継いでさらによいものに改良していくというのが第1の道である。第2の道は今までとは全く違う技術の開発にチャレンジして新たなコア技術を創出し、既存製品を新しい製品で置き換えるか、全く新しい製品を作って事業を拡大して会社に貢献していくという道である。これこそ本来の研究であるが、成功する確率は高くはない。

　自分はどちらの技術を担当していくべきかという選択に直面することがあるが、これは個々の人の立場やミッション、価値観に依存するものであり、どちらがいいというものでもない。企業にとってはどちらも必要であるが、特に第1の道の既存製品を改良することは、顧客満足度を高め、販売量を増大させて収益を増大に繋げることができ、会社への貢献という点で、即効性があって業績に貢献できる確率も高いので極めて重要である。そのために大企業では工場の開発部門や研究所も多くの人的資源や資金を第1の道である製品の改良に投入する。まさに第1の道は大企業がやらなくてはならないことなのである。大企業の宿命と言っても過言ではないと思う。

　研究所にいて全く新しい技術にチャレンジする方が面白そうだし、自分の人生を試すことができると思えば今までの技術とは違う技術をやろうということになり、第2の道にチャレンジすることになる。この第2の道は先輩や上司から技術を伝承するわけではなく、自分で新しい技術を切り開いて行かなくてはならないので、困難であり、孤独である。また、やって

みてもうまくいかない可能性もある。しかし、自分が先頭に立つことになるので楽しいと思う人も多いはずである。ただし、そのチャレンジは単に興味本位であってはならない。常に事業へ貢献することを目標にしてコア技術を創出することを考えていないといけない。コア技術がいいものであれば、事業に大きく貢献することができるが、事業から遠いものであれば、事業に使ってもらえないかもしれない。ノーベル賞受賞者の江崎玲於奈は「技術は二流でも未踏の分野なら一流になれる」ということを言っており、未踏の分野で事業に貢献することができれば、社内でその技術分野ではトップに立てるのである。気概と志の高い人なら技術の先頭を走ってみたいと思い、未踏の分野に踏み込んでみたいと思うはずである。しかし、上司が今までやって来たことを発展させるべきと考え、具体的なテーマが設定されていれば、そちらを優先させるべきであると筆者は考える。その方が確実に会社の事業に貢献できるからである。新しい技術で成功する確率は決して高くない。たとえ目標とする新技術を実現することができても事業として成功するどうかはわからない。そのようなリスクを背負うことになるので、常に自分の存在価値を示すためにも事業に即座に貢献できるテーマがあればそちらを優先させるべきである。つまり、第1の道があればそれを優先させるべきであると筆者は考える。

　第1の道である、先輩や上司から技術を引き継ぎ、現在の技術や手法を改良、改善していくという持続的技術の開発を仕事に選択すれば、企業の中では特に問題は起こらないし、事業へ貢献できる確率は高く、その貢献度も高い。先輩や上司は自分たちがやってきた技術を後輩がさらに発展させてくれるので暖かく見守り、必要に応じてアドバイスしていけばいいということになる。先輩や上司はいつまで経っても先輩であり上司なので、チームとしてはまとまり、破壊的技術が現れない限り、安穏とした居心地の良い職場環境で毎日を過ごすことができる。ただ、気概と志ある研究者、技術者には少々物足りないと考えるかもしれない。その業界で破壊的技術が現れなければ問題はないが、破壊的技術が他社から発表されると一気に

混乱に陥ることがあるので注意しないといけない。

　結局、研究所では組織として第1の道の仕事をしっかりやりながら、いいアイデアがあれば、組織として空いている時間に第2の道の仕事をするというのがトラブルを発生しない優れたやり方だと思われる。事業への直接的な貢献を強調しすぎると新しいコア技術の開発が疎かになる。また、研究ばかりして事業への貢献を疎かにすると事業への貢献が小さくなり、不景気が来たときなどに、組織が縮小されるとか、場合によっては潰されてしまうことがある。同じ組織の中で第1の道と第2の道をバランスよく実行し、事業へしっかり貢献しながら、次のコア技術を育てて行くのがよいと筆者は考える。

1.3.2 イノベーションの対象による分類

　イノベーションの種類をその対象で分類する。つまり、何を変革するかということで分類するということである。本書では製品イノベーション、工程イノベーション、ビジネスモデル・イノベーションの3つに分類して解説する。

製品イノベーションとは

　イノベーションというと一般には顧客や消費者が使う「革新的な新しい製品」を思い浮かべる。このようなイノベーションが製品イノベーションである。イノベーションとしてわかり易く、実際に顧客が使用するので全く新しい製品には華々しさがある。ここでは新しいサービスのイノベーションも製品イノベーションの範疇に入れることとするが、サービス業のイノベーションについては後述する。製品イノベーションはプロダクト・イノベーションとも言われる。

　今まで数多くの製品イノベーションが創出されてきた。家庭の中を見渡

19

すだけでも製品イノベーションが山のようにある。ラジオからテレビ、テレビでもモノクロからカラーへ、あるいはブラウン管テレビから液晶テレビへ、アナログテレビからデジタルテレビになって高解像度化が進んでいる。冷蔵庫や洗濯機の登場もイノベーションであった。電話も据え置き電話から携帯電話、そしてスマートフォンへと進化してきた。自動車の分野ではレシプロエンジンからハイブリッド車、低公害の環境適合車、そして電気自動車へと進化している。パソコンやタブレットを家庭で使用するのも普通の時代になった。パソコンに繋がるプリンタもモノクロのレーザープリンタからカラーのインクジェットが家庭の中では使われるようになってきた。このように私たちは家庭の中を見渡すだけでもさまざまな破壊的技術による製品イノベーションの恩恵を享受している。

　製品イノベーションは企業の中では製品のための新技術や新製品そのものを開発する部署が担当する。工場の中では新製品の設計を担当する部署が担当し、製品開発の研究所が担当する。

工程イノベーションとは

　工程イノベーションとは製品そのもののイノベーションではなく、製品を製造する生産工程や試験、物流、サプライチェーンなどに新しい技術や手法を取り入れるイノベーションである。顧客に提供される製品そのものは変わらないが、製品を低コストで、高品質に効率よく仕上げるためのイノベーションである。工程はプロセスともいい、プロセス・イノベーションとも言われる。

　工程イノベーションは企業の内部で行われるイノベーションであり、企業の特に工場などの組織能力を高めることによって実現される。製造業で工程イノベーションが起こっても顧客には同じ製品が届けられるが、コストを著しく低下させるとか、品質を向上させることができ、企業にとっては利益を上げる上で重要な活動である。

　古くは人馬を動力にして生産していたが、蒸気機関を動力にすることに

よって生産能力を著しく向上させた産業革命や、ベルトコンベアによる大量生産などが大きな工程イノベーションである。近年ではインターネットを使った販売、予約などが大きな工程イノベーションと言える。日本の製造業は工場内の工程イノベーションを比較的得意としている。

ビジネスモデル・イノベーションとは

　工程イノベーションに少し似たイノベーションとしてビジネスモデル・イノベーションがある。ビジネスモデル・イノベーションの目的も工程イノベーションと同様に、より安く、高品質で、効率的に製造するとか、サービスを提供することである。工程イノベーションが一つの企業の中で閉じた活動であるのに対し、ビジネスモデル・イノベーションは一社だけで行うのではなく、複数企業が絡んでビジネスを成立させるものや、収益の源泉が大きく変わってしまうものもビジネスモデル・イノベーションに含めることとする。

　米国の巨大企業であるマイクロソフトやシスコ、アップルなどは工場を持っていないがハードウェアを販売している。マイクロソフトはパソコンやXボックスというゲーム機を販売しているし、シスコはルーターと呼ばれるインターネットで使用される通信機器などを販売している。アップルは小さな工場を米国に持っているようだが、スマートフォンやパソコンなどの製品の大半は他社で作っている。これらの製品を作っているのは台湾のEMS（Electronic Manufacturing Service）と呼ばれる電子機器の製造専門の企業である。EMSは電子部品を搭載する基板にディスプレイや記憶装置、音声関連のさまざまな入出力装置を繋ぎ、スピーディに電子機器の製造を立ち上げることができる。ソフトウェアしか販売していない企業でもEMSをうまく活用することによって迅速に製造ラインを立ち上げることができる。これは自社が苦手なことを他社と手を組むことによってビジネスを実現しており、ビジネスを再構築したイノベーションと言える。

さて、イノベーションを起こす対象によって3種類に分類したが、それぞれを比較をしてみる。第1章で成功しないとイノベーションとは言えないという話をした。上記3種類のイノベーションについて、その内容と成功するということはどういうことかをまとめてみると下表のようになる。

イノベーションの種類	革新／変革の内容	成功することは？
製品イノベーション	新製品、新サービスを開発	ある程度の事業化規模で収益化する
工程イノベーション	新しい工程（プロセス）を構築	効率化によるコスト低減、品質向上
ビジネスモデル・イノベーション	ビジネスのやり方を変えてしまう。複数社が絡むビジネスモデルまたは収益の源泉が変わるビジネスモデルも含む	効率化によるコスト低減、新しいビジネスの構築、新たな収益源の創出

表 1.3.2.1 対象によるイノベーションの分類

シュンペーターによるイノベーションの分類

イノベーションの元祖のような存在であるオーストリアの経済学者ヨーゼフ・シュンペーターが1912年に著した「経済発展の理論」ではイノベーションを下記の5種類に分類しているので参考までに紹介しておく。

① 新しい製品
② 新しい生産方式
③ 新しい市場の開拓
④ 新しい原料やその供給源の獲得
⑤ 新しい組織の実現

「新しい製品」は新製品を創出することで、製品イノベーションを示し、現代でも最も理解されているイノベーションである。「新しい生産方式」は生産方法に関するイノベーションであり、工程イノベーションを示している。「新しい市場の開拓」は新規の顧客を開拓することで、マーケティング

に通じるものがあり、ビジネスのグローバル化も入る。「新しい原料やその供給源の獲得」とは、性能が格段に上がる新材料を使うことやそのためのサプライチェーンを開拓することである。「新しい組織の実現」とは他社との協業やビジネスモデル・イノベーションに通じるものがある。

　このようにシュンペーターは100年以上前にイノベーションを現代にも通じる手法で分類していた。

【ポイント】
・　イノベーションの分類には、ベースとなる基本技術の変化による分類と、イノベーションの対象による分類がある。
・　ベースとなる基本技術の変化によって分類すると破壊的イノベーションと持続的イノベーションに分けられる。以前は、これらを画期的イノベーション（または急進的イノベーション）と漸進的イノベーションと称した。
・　破壊的イノベーションとはベースとなる基本技術が全く異なった技術によって新しい製品やサービスを創出するものである。
・　持続的イノベーションとは、ベースとなる基本技術は同じであるが、大きな改良や付加機能の増大によって著しく性能や機能、使い易さを向上させるものである。
・　破壊的イノベーションは気概と志のある技術者には面白く、事業化において成功すれば企業への貢献も大きいが、失敗する可能性も高い。
・　持続的イノベーションは会社に貢献する確率は高く、顧客を満足させるために大企業としてはやらなくてはならないことである。大企業が宿命としてやらなくてはならないことである。
・　大企業では持続的イノベーションを優先させながら、時として破壊的イノベーションに挑戦できる仕組みを持つのがよい。
・　イノベーションの対象によって分類すると製品イノベーション、工程イノベーション、ビジネスモデル・イノベーションに分けられる。

- 製品イノベーションは製品やサービスそのもののイノベーションで、顧客の便宜が向上し、顧客に対する影響は大きい。
- 工程イノベーションは生産工程や試験、物流、サプライチェーンなどのイノベーションで、効率化による低コスト化や高品質化を行う。企業内の活動であり、組織能力の高い企業が強い。顧客からは見えにくい。
- ビジネスモデル・イノベーションはビジネスの仕方を変えるイノベーションで、他社との協業、分業によって効率化し、低コスト化や高品質化を行うこととか、利益の源泉を変えてしまうようなイノベーションである。

第 2 章 破壊的イノベーションと
持続的イノベーション

　イノベーションはベースとなる基本技術が変わるかどうかによって破壊的イノベーションと持続的イノベーションに分類されることは前章で述べた。製品のベースとなる基本技術が変わってしまうものが破壊的イノベーションで、ベースとなる基本技術は変わらないが、大きな改良や付加価値機能の増大によって著しく性能や機能、使い易さなどを向上させるのが持続的イノベーションである。

　破壊的イノベーションと持続的イノベーションを、S 字曲線を用いて説明すると図 2.1 のようになる。この図で、黎明期から最初の製品が出荷されるまでが破壊的イノベーションのステージであり、その後、その製品が市場に受け入れられて市場が急激に拡大し、次から次へと継続的に差別化のための製品開発が行われる成長期が持続的イノベーションのステージである。ただし、もし新製品が事業化されてもイノベーションにならなければ、成長期の持続的イノベーションは起こらないし（図 1.2.2）、黎明期に開発した最初の製品は破壊的イノベーションとは呼ばれない。最初に開発された製品だけでイノベーションを起こすということは稀である。

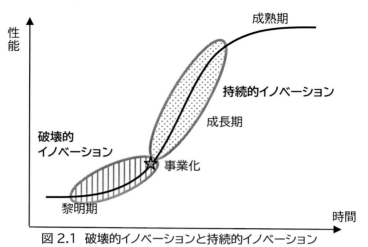

図 2.1　破壊的イノベーションと持続的イノベーション
（R. Foster の S 字曲線に破壊的／持続的イノベーションの位置を追記）

破壊的イノベーションと持続的イノベーションは対

　イノベーションが起こるということは破壊的イノベーションのステージとそれに続く持続的イノベーションのステージがあるということである。つまり、破壊的イノベーションと持続的イノベーションは対になっていて、破壊的イノベーションが起こると、ほぼ間違いなくその後に持続的イノベーションが起こる。もし、持続的イノベーションが起こらなければ、その前に破壊的イノベーションも起こっていなかった可能性が高いと言える。したがって、破壊的イノベーションが起こったとき、それが破壊的イノベーションかどうかはわからなくて、後にならないとわからない。つまり、持続的イノベーションが起こると、その製品の最初の技術革新は破壊的イノベーションであったと言えるのである。

持続的イノベーションは収益化のステージ

　図 1.1.1 にイノベーションのプロセスが記載されているが、破壊的イノベーションと持続的イノベーションがこのプロセスの中でどのような位置付けになるかを図 2.2 に示す。

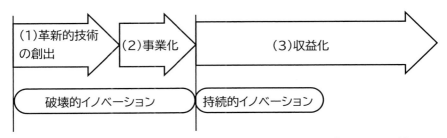

図 2.2 破壊的／持続的イノベーションとイノベーションのプロセスの関係

　図 2.1 の S 字曲線でも示されるように破壊的イノベーションは(1)革新的技術の創出と(2)最初の事業化までで、持続的イノベーションは市場拡大などによる(3)収益化の最初の部分になる。もちろん、最初の製品で収益化できるものもあるが、より大きな収益を得るためには持続的イノベーションに入っていかないといけない。それによって市場を拡大し、収益をより大きくできるのである。

【ポイント】
・ イノベーションの S 字曲線で、黎明期から最初の事業化までが破壊的イノベーション、成長期が持続的イノベーションである。
・ 破壊的イノベーションと持続的イノベーションは対になっていて、持続的イノベーションが起こって、最初の技術革新による事業化が破壊的イノベーションだったとわかる。したがって、破壊的イノベーションはあとにならないとわからない。
・ イノベーションのプロセスでは(1)革新的技術の創出と(2)事業化が破

壊的イノベーション、(3)収益化の最初の部分が持続的イノベーション
になる。

2.1 破壊的イノベーションとその種類

　破壊的イノベーションとは製品のベースとなる基本技術が今までとは異
なった革新的技術によって新製品が創出され、その後の継続的な新製品の
開発によって現有製品の市場を奪い取ってしまうものである。時には現有
製品の市場をほとんど奪い取り、現有市場が完全に破壊されるものもあれ
ば、一部の市場を奪い取るものもある。
　破壊的技術はベースとなる基本技術が今までの技術とは異なっているた
めに非連続なものである。そのために現有市場の製品を保有している企業
でも基本技術が異なるために簡単には追従することはできない。特に基本
特許などの知的財産権がしっかり取られていると競合他社は容易に追従す
ることはできない。

　破壊的イノベーションの理解をより深めるために、破壊的イノベーショ
ンを分類する。ここでは現有技術や現有製品に対する破壊的技術やそれを
使った新製品との位置関係に注目して、①高性能型、②ローエンド型、③
新指標型、④新結合型、⑤新機能型の 5 種類の破壊的イノベーションに部
類する。

【ポイント】
・　破壊的イノベーションとはベースとなる基本技術が今までの技術とは
　　異なった革新技術によって新製品が創出され、現有市場の全部あるい

は一部を奪い取ってしまうものである。

・ 破壊的技術は今までの技術とは非連続であり、既存企業は容易には追従できない。特に知的財産権が取られると追従は難しくなる。

・ 破壊的イノベーションを①高性能型、②ローエンド型、③新指標型、④新結合型、⑤新機能型の 5 種類に分類する。

2.1.1 高性能型破壊的イノベーション

　高性能型破壊的イノベーションはベースとなる基本技術として現有製品とは全く異なった技術を使用することによって現有製品より圧倒的に高い性能を実現するものである。この破壊的イノベーションは一般にイメージするイノベーションであり、多くの研究者や技術者が目標とするものである。

　高性能型破壊的イノベーションは技術的にも事業的にもイノベーションとしてわかり易い。しかし、高性能型破壊的イノベーションは実現するのが非常に難しい。全く異なった技術で今までの技術や製品より明らかに性能が高いものを実現するには技術的なハードルが高く、研究開発の道のりは長く、成功するとは限らないために途中で挫折し、研究開発が中止に追い込まれることもある。また、仮に試作品ができたとしてもベースとなる基本技術が今までの技術と全く異なっているために事業化できるかどうかわからない。事前の検討で、事業化できるかどうか不透明だと経営層から認可されることが難しいこともある。そのような場合には、企業内部の文化にもよるが、技術者のレベルで勝手に試作してしまうこともある。大学の研究室では高性能な新技術の創出になるので取り組み易いかもしれない。

　高性能型破壊的技術の最初の製品はコストが高く、性能とのトレードオフになることが多いが、大量生産や生産技術の改善によって徐々にコスト問題は解決されていく。低コスト化によって製品の値段が下がっていき、

あるレベル以下の値段になると一気に市場に出回り、市場を支配する可能性が高くなる。性能は以前の製品より圧倒的に優れているので一気にその市場は拡大することがある。ただし、そのレベルの価格になるまで我慢して開発を続けられるかどうかが鍵になる。

　また、高性能型破壊的技術は科学的、数学的アプローチによって創出されるものも多く、ノーベル賞をはじめ、多くの賞を受賞しているものも数多くあるが、それについては後述する。

　高性能破壊的イノベーションと現有製品との位置関係をS字曲線で表すと図2.1.1.1のようになる。この図からもわかるように、高性能型破壊的イノベーションの場合にはベースとなる基本技術として異なった技術を使用することにより、現有製品とは非連続で最初から性能が高い。

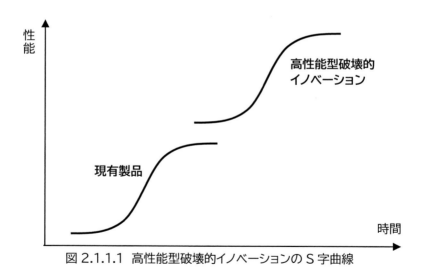

図2.1.1.1　高性能型破壊的イノベーションのS字曲線

　次に具体的な事例について述べる。

◇真空管からトランジスタ、そして IC へ

　トランジスタは米国の AT&T （The American Telephone & Telegram

30

Company）のベル研でウィリアム・ショックレーら3人の物理学者によって開発された。トランジスタは電流の増幅作用があるが、同じ機能を実現するためにそれまでは真空管が使われていた。しかし、トランジスタの方が小型で低消費電力、応答性もよく、壊れ難く、扱い易いという特長があり、多くの点でトランジスタの方が真空管より優れていた。そのためにトランジスタが商品化されると瞬く間に広く使われるようになった。

　真空管の技術のベースは電磁気学であり、トランジスタの技術のベースは固体物理学である。「真空管をいくら研究してもトランジスタは生まれなかった」と言ったのはノーベル賞受賞者の江崎玲於奈であるが、真空管とトランジスタでは技術分野が全く異なっており、トランジスタという異なった技術を使うことによって格段に優れた性能を実現して、同じ用途の以前の製品を凌駕することができたのである。これこそ典型的な破壊的イノベーションであると言っているのである。身近なものとしてラジオは当時、真空管が使われていたが、ソニーがトランジスタを使った持ち運び可能なトランジスタ・ラジオを商品化し、世界で販売して一気にグローバル企業になった話は有名である。ベル研のショックレーら3名は1956年にノーベル物理学賞を受賞している。

　一つの半導体の上に複数のトランジスタを実装し、IC(Integrated Circuit：集積回路)にしたのがテキサス・インスツルメンツ(TI: Texas Instruments)である。TIはさまざまなデジタルICを商品化し、1960年代から 1980 年代までカスタム・ゲートアレイやプログラムによって LSI (Large Scale Integration) を作ることができる FPGA (Field Programable Gate Array)が使われるようになるまでデジタルICのトップランナーであった。

　1958 年にジャック・キルビーによって IC の特許が出願されたが、特許の分割や補正手続きによって公告日をどんどん後にずらすサブマリン特許となり、各社がその特許を使った製品を大量に出荷し始めてから特許を公告して TI は多くの知財収入を得ることができた。分割特許は 2001 年まで

有効となり、日本の半導体メーカーはその特許に苦しめられた。このキルビー特許は最初に出願されて実に43年後まで有効であり続けたのである。現在では米国や日本では特許制度が改正され、サブマリン特許はできなくなっている。2000年にジャック・キルビーはノーベル物理学賞を受賞している。

◇鉄道の動力の変遷

　鉄道はイギリスのジョージ・スチーブンソンが1814年に、沸騰する水の蒸気の力を回転に変える外燃機関の蒸気機関で列車を公共鉄道で走らせたのが最初の実用化であると言われている。いわゆる蒸気機関車であり、蒸気機関車を走らせるためには蒸気を作るために大量の水と、大量の石炭が使われた。

　次に出現したのがディーゼルエンジンを用いたディーゼル機関車で、1912年にドイツで実用化されている。ディーゼルエンジンはエンジンの内部で気体状の軽油を爆発させることによって回転する力に変換する内燃機関で、蒸気機関とは全く異なった技術である。

　電気機関車（電車）は1879年にドイツのベルリンで実用化された。電車の動力はモーターであり、蒸気機関やディーゼルエンジンとは全く異なった技術である。ただし、電車は電気の供給の問題があり、電線を張り巡らす必要があり、当初は電気の供給が容易な都市の路面電車に使われていた。しかし、一旦、電線を張り巡らせば、エネルギーの供給は楽になり、また、静かに走ることができるので、日本の新幹線を始め、今では長距離列車にも電気機関車が使われるようになった。

　今後、より高速な鉄道としてリニアモーターカーが注目されている。これはモーターが回転するわけではなく、直線的な方向に磁気で引っ張っていくものである。常電導のリニアモーターカーはすでに実用化されているが、スピードを上げると熱が発生するという問題があり、計画中の日本の中央新幹線のような高速のリニアモーターカーには超伝導の磁石が使われ

る。超電導の先駆的研究については 1972 年にジョン・バーディーンら 4 氏が、1987 年に 2 氏が、2003 年に 3 氏がノーベル物理学賞を受賞している。

　このように鉄道の機関車においても高速性、静粛性、環境、安全性などを向上させるために動力の基本技術が変わってきている。

◇照明の変遷

　初期の照明であるランプやろうそくは油や蝋を燃やして光を出す。ガス灯も同じく燃焼によって光を出す。その後、トーマス・エジソンによって電球が発明されたが、これはフィラメントに電気を流すと電子と物質との摩擦によって発光する。その後、発明された蛍光灯は放電によって電子を水銀ガスにあて紫外線を発生させ、それがガラス管に塗られた蛍光塗料に当たって発光する。

　近年、実用化された LED (Light Emitting Diode) 照明は半導体を流れる電子と正孔が合体するときに発光する。LED 照明の発光効率は蛍光灯の2 倍以上で、製品寿命は蛍光灯に比べて 3 倍から 7 倍と圧倒的に長い。しかも LED 照明は明るさをアナログ的に調整することができる。光の 3 原色は赤色、緑色、青色があり、それらの LED の明るさを調整すればいろいろな色を発光することができる。赤色と緑色の LED は比較的早く実用化されたが、青色の LED はなかなか実現することができなかった。しかし、日本の中村修二、赤崎勇、天野浩の 3 氏が青色 LED の発明に大きく貢献し、3 色の発明によって白色を実現することができたのである。3 氏は 2014 年にノーベル物理学賞を受賞している。

　それぞれの照明は発光の基本原理が全く違い、新しいものになればなるほど発光効率や製品寿命、使いやすさが向上して社会に浸透した。

◇アナログからデジタルへ

　数値を 1/0 の 2 値で表す 2 進法は古くから考えられていたようであるが、

この 2 進法を使った最初の産業は米国で事業化されたコンピュータであろう。それまでは機械式計算機や計算尺などのアナログによる計算機はあったが、複雑な計算ができるものではなかった。最初の実用的なデジタルによるコンピュータは 1946 年にペンシルバニア大学で開発された ENIAC（Electronic Numerical Integrator And Computer）と言われており、砲撃の弾道計算をすることが目的だった。その後、コンピュータは爆発的な進化を遂げ、さまざまな電子機器や電気製品に組み込まれるようになった。身近なものでも、スマートフォン、テレビ、デジタル・カメラ、電子レンジ、冷蔵庫、洗濯機、電子時計にはコンピュータが組み込まれ、便利で使い易い製品になった。自動車にもエンジンコントロールや操作パネルなど、さまざまな部分にコンピュータが取り付けられ、自動車 1 台当たり 20 個程度のコンピュータが組み込まれていると言われている。今後の自動運転や安全性向上のためにはさらに多くのコンピュータが使われるようになっていく。

　テレビも以前のものはアナログで、日本や米国では NTSC（National Television System Committee）のアナログ信号を受信し、それから映像を作っていた。世界では NTSC を含めて 3 種類の信号が使われていたが、すべてアナログの信号であった。アナログ信号から表示装置であったブラウン管にきれいなカラー動画を表示する技術は高いノウハウが必要で、先進国の一部の電機メーカーしかカラーテレビを生産することはできなかった。

　その後、テレビの信号は MPEG（Moving Picture Experts Group）2 によるデジタル信号となり、走査線の垂直方向の解像度は NTSC 信号の 300 本程度から 1000 本以上の高解像度になると表示装置に液晶パネルが使われるようになった。液晶パネルはデジタル化にうまく適合し、鮮明な映像が提供されるようになった。最近では 4K テレビが従来のハイビジョンに比べて 2 倍の解像度の映像が表示できるようになり、8K ではさらにその 2 倍の解像度の映像が提供されるようになってきた。このように解像度を上げることができたのはテレビがデジタル技術になったからである。

ゲームマシンは最近では液晶画面を見ながら楽しむものに置き換えられている。シューティングゲームにしても昔はおもちゃの鉄砲で景品を打ち落とすものだった、現在ではコンピュータグラフィクスを駆使して画面上で楽しむものに変わってきた。

　他にも通信技術、カメラ、電話、時計など多くのものがアナログからデジタルに置き換わり、それによってより高機能で高性能、そして使い易く、低価格になってきている。

◇光による通信

　通信技術ではアナログからデジタルになったと述べたが、基幹系はデジタルではあるが、近年では電気信号から光信号が移っている。通信媒体は銅線の同軸ケーブルから光ファイバーになり、電気信号から半導体レーザーによって作られる光信号によって通信される。電気より光の方が単位時間当たりに多くの信号を送ることができるのである。さらに最近では、光波長多重化通信といって、１本の光ファイバーに波長の違う複数の信号が送られるようになり、さらなる高速通信が実現され、膨大な情報が飛び交うインターネット時代に支えている。光による通信においても、2009 年にチャールズ・カオ（香港、英国、米国の国籍）が光ファイバーの研究でノーベル物理学賞を受賞している。

◇X 線から CT スキャナ、MRI へ

　ウィルヘルム・レントゲンは 1895 年に X 線を発見し、それによって人体を投影する X 線撮影装置が開発され、骨や肺の病変を検出するのに役立っている。その後、1971 年に X 線を使った CT（Computed Tomography：コンピュータ断層撮影法)スキャナが開発され、人体の断層撮影に成功している。CT スキャナによって人体の断層をいくつも撮影することにより、人体を 3 次元的に表示することができるようになった。さらに近年、磁気を使った MRI（Magnetic Resonance Imaging：磁気共鳴画像）が開発され、

被爆のない、安全性の高い人体の断層撮影ができるようになった。ウィルヘルム・レントゲンは 1901 年に第 1 回のノーベル物理学賞を受賞している。また、1979 年に CT スキャナを発明した英国 EMI（Electric and Musical Industries Ltd）社のゴッドフリー・ハウンズフィールドと、その原理を提案した米国タフツ大学のアラン・コーマックが、2003 年に MRI の研究で米国のポール・ラウターバーと英国のピーター・マンスフィールドがそれぞれノーベル生理学・医学賞を受賞している。

このように、高性能型破壊的イノベーションには全く新しい原理を使うことによって現有製品に比べて圧倒的に性能を上げることができる技術や製品で、ノーベル賞に繋がるようなレベルの高い発明が多くある。

高性能型破壊的イノベーションへの取り組み

今まで述べてきたように、高性能型破壊的イノベーションはベースとなる基本技術を全く新しい革新的な技術に置き換えることによって現有製品に比べて圧倒的に高い性能を実現するものであり、数学や科学などのバックグラウンドとなる知識が必要になることが多い。そして、目標を実現するにはいくつもの障害があり、目標を達成するまでに時間がかかり、場合によっては技術的に達成できなくて頓挫してしまう可能性もある。

そのために、高性能型破壊的イノベーションに取組みには自己実現を達成しようとする個人の強い意志、志が必要である。大学の研究室では長期的な研究に取り組むことは問題ではないが、企業の研究所などで短期の成果を求められるような部署では取り組むことは難しい。そのために組織として短期的な成果を出しつつ、その傍らで長期的な研究開発に取り組むような体制やマネージメントが必要であろう。時には隠れて研究開発を行うことができる風土も必要である。つまり、組織の一部で曖昧な活動が許される組織である必要がある。経営戦略論では「組織スラック（Slack：ロープのたるみ）」ということばがあるが、まさにそれが必要である。マネージ

メントがしっかりしていて、予算の使用の認可や社員の研究開発行動の監視、研究開発フォローがしっかりしすぎていると高性能型破壊的イノベーションに繋がるような長期間の破壊的技術の開発はなかなか継続できない。ポストイットで有名な 3M の 15％ルールやグーグルの 20％ルールなど、その時間内は自分が決めたテーマで研究開発ができるルールは破壊的技術の開発に障害物を入れさせないルールとして優れているようにみえるが、多くの企業が導入しているという話は聞かない。

【ポイント】
・ 高性能型破壊的イノベーションはベースとなる基本技術が現有製品とは全く異なった技術を使用することによって現有製品より圧倒的に高い性能を実現するものである。
・ 高性能型破壊的イノベーションは数学や科学をベースにしているものも多く、その基本技術の開発者はノーベル賞などを受賞している人も多い。
・ 高性能型破壊的イノベーションは達成が困難で、目標達成までに時間がかかるので、短期の成果が求められる企業ではやり難い面がある。同じ組織の中で事業に貢献しながら、長期の研究開発ができるような環境や、一部の曖昧な研究開発活動が許される環境が必要である。

2.1.2 ローエンド型破壊的イノベーション

　ローエンド型破壊的イノベーションはベースとなる基本技術が今までとは異なった破壊的技術により、現有製品より性能は低いが、圧倒的に低価格な製品を創り出すことによって市場を拡大し、その後、性能向上が行われて現有製品が徐々に駆逐されていくイノベーションである。このイノベーションもリチャード・フォスターの著書(15)の中で紹介されているが、ハ

ーバード大学教授のクレイトン・クリステンセンの著書⑸の中でディスク・ビジネスを事例に詳しく分析している。リチャード・フォスターの著書⒂にも記載されているが、ローエンド型の破壊的イノベーションをイノベーションのＳ字曲線で表すと図 2.1.2.1 のようになる。

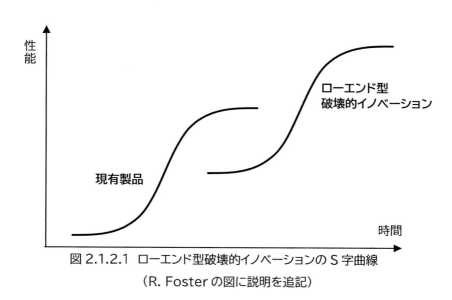

図 2.1.2.1　ローエンド型破壊的イノベーションのＳ字曲線
（R. Foster の図に説明を追記）

　このイノベーションは新しい革新技術によって現有製品より低い性能のところからやってくることが特徴である。低い性能であるためにコストも低くなって低価格になる。これは 5％とか 10％とかいうコスト低減活動による成果ではない。そこには革新的な新しい技術やアイデアによって性能は低くなるが、コストも 1／2 とか 1／3、あるいはそれ以下という大幅なコスト低減を実現し、それによって価格も同じように 1／2 とか 1／3 あるいはそれ以下になるようなものでなくてはならない。
　現有製品のところにいる研究者や技術者は自分自身の高い技術力を保持しており、それを使って一般に性能の高い製品、機能の高い製品の開発を目指す。そのために、ローエンド型の製品が出現しても性能が低いために

当初は気がつかない、あるいは気づいても軽視する傾向がある。それによって、クリステンセンのいう「イノベーションのジレンマ」が起こるわけであるが、顧客の立場に立って考えれば、差別化製品だけではなく、低価格の製品は魅力があるということを常に理解しておかないといけない。これは経営戦略で有名なハーバード大学教授のマイケル・ポーターの著書(17)でも述べられていることであり、競争に勝つには差別化とコストリーダーシップ、そして集中化（ニッチ戦略）の3つしかないといっている。集中化の中にも差別化とコストリーダーシップがあるとしている。つまり、他社製品より優れた性能や機能によって差別化するか、他社より低価格の製品を作ることによって競争に勝てるのだと言っている。そこで、破壊的技術によって圧倒的に低価格な製品を創り出すことができれば、勝てるということになる。

　次にどのような市場でローエンド型破壊的イノベーションが起こりやすいかというと、代表格はデジタル製品である。これはアナログ製品の性能向上のスピードは遅いが、デジタル製品ではムーアの法則で言われるように18ヶ月で2倍というスピードで性能が向上するからである。このスピードで5年、10年経つととてつもない性能のものになり、製品が顧客の要求している性能向上のスピードより速く、はるかに高速になってしまうことがあるからである。そのようなときに、そんなに性能を上げなくてもっと低い性能で低価格のものでも顧客は満足するということがわかると、ローエンドの新製品が現れることになる。

　次に代表的なローエンド型破壊的イノベーションの事例を説明する。

◇コンピュータの変遷
　コンピュータは代表的なデジタル製品である。初期のコンピュータは給与計算だけとか、経理計算だけとかを実行する専用の計算機であったが、1964年にIBMがSystem360という汎用コンピュータを開発し、同一アーキテクチャのコンピュータで、データ管理、業務管理、科学技術計算な

どさまざまな業務をこなせ、記憶容量などの増設も容易なコンピュータ・システムを開発した。他のコンピュータメーカも IBM に追従して同様なシステムを開発したが、一般に汎用コンピュータは一つのシステムで数十億円と高価だったために、銀行などの特定の業務には大規模なシステムが構築されたが、企業や大学では社内あるいは学内の共用システムとして使われることが多かった。

そこで、米国の DEC (Digital Equipment Corporation) 社から、よりコンパクトで価格も低くしたミニコンピュータ（通称、ミニコン）が出荷されるようになった。DEC 以外の多くのコンピュータメーカもミニコンを開発し、ラインアップした。価格は数百万円から数億円と汎用コンピュータに比べると低く、ユーザーは大幅に広がった。ミニコンは企業では各部署で購入することができるようになり、大学の研究所や研究室でも購入することができるようになり、広く使われるようになった。

そのうち、LSI 技術が進歩して CPU の性能が向上し、1 チップ化されて価格が下がり、エンジニアリング・ワークステーションが広く使われるようになり、ファイルは端末でも管理することができるようになった。すると、共用ファイルの管理やシステムを運用するためにネットワークで繋がったサーバが用いられるようになった。サーバは一つの筐体の中に複数のボードと複数の固定ディスク装置が内蔵されていた。サーバは数十万円から数百万円で購入できるようになった。

その後、パソコンの時代になってもサーバは残ったが、LSI 技術の進歩によりサーバの機能が 1 つのユニットで実装されるラックマウント型サーバが徐々に使われるようになった。ユニットの中には CPU をはじめ、メモリ、ネットワーク、固定ディスクなどの IO が実装されサーバとして機能する。1 つのラックの中にいくつものサーバが実装されるようになった。サーバの価格も数十万から低価格なものは数万円台と著しく低下した。

図 2.1.2.2 はこれらのコンピュータの変遷を示したものである。

コンピュータの市場規模も大きく、広く使われるようになってきたが、

図に示されるように、今までに何度も業務用コンピュータにおいてローエンド型破壊的イノベーションが起こってきた。これはコンピュータがデジタルの代表的な製品だからである。

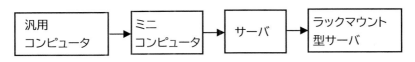

図 2.1.2.2 業務用コンピュータの変遷

◇マンマシン系コンピュータの変遷

　人がコンピュータを直接操作することのできるマンマシン系のコンピュータについてもローエンド型の破壊的イノベーションが起こっている。

　当初、大規模なソフトウェアを開発するには汎用コンピュータやミニコンに端末を接続して、端末を使ってソフトウェアの開発が行われていた。

　1970年代の半ばにパソコンが生まれたが、当初はホビー用なのかと思われたが、1970年代の終わりにIBMがパソコン事業に参入したことによって、ビジネス用途が本格化した。しかし、当時のパソコンの画面の解像度は低く、オフィスでの用途は特定の業務に限定されていたし、あまり使い勝手がいいというものではなかった。

　そこで 1980 年代の始めにプロフェッショナル向きのワークステーションとして EWS（Engineering Workstation）が開発された。パソコンが 8 ビットの CPU から出発し 16 ビットに拡張されていた時期に、32 ビットの高速 CPU を使い、OS は UNIX、解像度の高いビットマップディスプレイの画面を持ち、LAN（Local Area Network）で接続された。マルチウィンドウで複数のジョブをこなし、画面上のアイコンをクリックすれば簡単にアプリケーションを開くことができたし、ワープロの画面も WYSWYG（What You See is What You Get）方式で、画面でプリントアウトのイメー

ジを表示しながら文書作成ができ、洗練されたアーキテクチャであった。これらの技術は多くがゼロックス社のパロアルト研究所で 1970 年代の始めに開発されていたものであり、これらの技術をすべて一体化させたものが EWS であった。EWS はまさに技術者がほしいと思うコンピュータそのものであった。しかし、価格は数百万円とかなり高価で、オフィスで 1 人1 台というわけにはいかなかった。また、高性能機としてグラフィクス性能の高い、1 千万円以上のものも出現し、CAD (Computer Aided Design)やアニメーション作成、シミュレーション／ビジュアライゼーションなどに広く使われた。

1995 年にパソコン OS として Windows95 が現れ、20 万円台から 40 万円台の価格でパソコンが購入できるようになった。CPU 性能や画面の解像度などの性能は低いが、パソコンは EWS と同じようなマンマシン・インタフェースをもつようになった。当時 100 万円以上していた EWS に比べてこのパソコンは圧倒的に低価格で、オフィスで使われていた EWS は一気にパソコンへとシフトした。しかも、一人 1 台というのが当たり前になってきた。インテルの CPU の継続的な性能向上、メモリや IO のインタフェースのデファクト・スタンダード化とそれによるオープン・モジュール化、マイクロソフトによるアプリケーションソフトの Office にワード、エクセル、パワーポイントの 3 つがパッケージ販売されたことなど、さまざまな低価格化技術がパソコンに組み込まれたことによって、EWS の市場を席巻していった。1997 年頃から LSI 技術の進歩などによりパソコングラフィクス LSI の熾烈な開発競争が起こり、パソコンでも高性能グラフィックスが実現できるようになり、CAD やアニメーション作成にもパソコンが使われるようになった。このようにして、ローエンドからハイエンドまでEWS のマーケットをパソコンが完全に奪い取ってしまったのである。

2007 年にアップルが iPhone というスマートフォンを発表した。また、画面の大きいものとしてタブレット端末もしばらくして発表された。これらは携帯することができ、それまでの携帯電話の機能は完全に包含し、パ

ソコンの情報を閲覧・検索する機能やアプリケーションのダウンロード機能も保有していた。その他にデジタル・カメラ、辞書／翻訳、ゲームなどの機能も保有するようになった。つまり、パソコンの一部の機能を包含しており、パソコンで実現できていた市場をさらに拡大し、拡大した市場をスマートフォンが担っているように見える。値段もアップル以外はパソコンの半額以下であり、パソコン機能の一部の機能をローエンドで破壊していると言える。ただし、パソコンの情報を作る機能、つまり文書やエクセル表、プレゼン資料などを作る機能や、画面が大きいのでたくさんの情報を同時に表示する機能はパソコンの方が優位であることには変わりなく、パソコンの市場は今後も存在し、発展していくと思われる。

このようにマンマシン系のコンピュータの分野においても EWS からパソコンに、パソコンの一部の機能はスマートフォンやタブレットに置き換えられている。これらの変遷を図 2.1.2.3 に示す。

図 2.1.2.3 マンマシン系コンピュータの変遷

デジタル機器の業界ではこのようなローエンド型の破壊的イノベーションが起こりやすい。

◇韓国の DRAM

かつて日本の半導体生産額は世界でトップとなり、1980 年代には世界の半導体生産額トップ 10 に日本の電機会社 6 社がランクインしていた時期があった。特に DRAM の生産においては 1980 年代には世界の 80％を日本の企業が占めていた時期があった。しかし、90 年代になると韓国のサムスンや LG が台頭し、これらの韓国企業が徐々にマーケットシェアを増や

していき、日立、NEC、三菱電機のジョイントベンチャー企業として唯一DRAMの日本メーカーとして生き残ったエルピーダも2012年に経営破綻してしまい、日本からDRAMメーカーが消えてしまった。

日本のDRAM事業の変遷については、湯之上隆氏が著書[28]に詳しく述べられている。著書の内容を要約し、分析してみる。

日本の半導体メーカーは1970年代からDRAMの生産が伸びてきたが、当時の最大ユーザーはメインフレーム・メーカで25年の製品保証期間が求められていた。それに対して1990年代半ば頃から徐々にPCのマーケットが大きくなってきたが、日本の半導体メーカーはメインフレームに使われていた高価なDRAMをそのままPCメーカーにも供給していた。それに対して韓国のDRAMメーカーはPCをターゲットに製品保証期間の短い低価格のDRAMを開発してきた。日本のDRAMメーカーのマスク枚数は韓国のDRAMメーカーに比べて1.5倍程度あったとのことである。他にもさまざまな工夫をし、韓国のDRAMメーカーはPC用に安価なDRAMを供給し、徐々に日本のDRAMメーカーを駆逐していき、2012年にはエルピーダを経営破綻に追い込み、日本からDRAMメーカーをなくしてしまった。まさに韓国のローエンド型DRAMが日本の高性能DRAMを駆逐したということである。

過剰品質で高コストになるとビジネスで負けることがある

日本の製造業は常に高い品質を目指す。最近は「安全第一」であるが、「品質第一」ということばもよく耳にする。「製造工程においてQCD（Q: Quality, C: Cost, D:Delivery）が重要で、QがC,Dに優先される」という話もよく聞く。手堅いビジネスをするにはこの考え方は間違っていない。値段を安くするために信頼性の低い部品を使って製品がうまく動いたり動かなかったりしてはまずいし、製品寿命が長ければ顧客にとって都合はいい。しかし、「品質第一」と言って過剰な品質を求めて高額な商品にしてしまうと、ビジネスで負けてしまうことがある。つまり、あるレベル以上の

44

Qがあれば C が優先される市場もあるということを理解するべきであろう。そのような市場では過剰に品質を求めていくとコストで負けて市場からの退出を余儀なくされる可能性があるということである。このような市場では顧客から要求される守るべき品質を決め、その範囲でコストを徹底的に下げるという行動をしないと負けてしまうのである。まさに DRAM の市場はそのような市場だったのである。

◇ロケットの低価格化

　大型の人工衛星を打ち上げるためのロケットの費用は 1 回の打ち上げで 100 億円前後かかると言われている。この費用を大幅に低減するには単なる原低活動では無理で、新しい技術が必要になってくる。

　そこで米国のベンチャー企業であるスペース X 社は回収型のロケットを開発している。今まではロケットは使い捨てであったが、回収する技術を開発し、回収型のロケットで何度でも使うことによって費用の削減を図ろうというわけである。これは一段目のロケットが切り離された後、ロケットを噴射しながら地上または海上の無人船に着陸させるというものである。これによりロケットの打ち上げ費用を 10 分の 1 程度あるいはそれ以下にできるという試算がある。すでに回収の実験は成功していると言われているが、実際に宇宙に衛星などの物資を運んだ後、無事に帰って来ることができれば、ロケットの回収技術によるローエンド型の破壊的イノベーションが実現されたことになるであろう。

◇ディスカウント・ストアの拡大

　かつては大手の百貨店が都市に数多くあったが、ディスカウント・ストアや低価格の衣料店が数多く出現すると徐々に売り上げを減らし、2000 年を過ぎてから大手百貨店の統合が進んだ。中小の百貨店はそれ以前に大手の傘下に入っていた。統合によってムダな競合を避けるために多くの店舗が閉店に追い込まれた。また物流を共通化するなどして経費の節減なども

行ってきたが、百貨店ビジネスが以前のような活気はなかなか取り戻せないでいる。

　一方、ディスカウント・ストアは大量仕入れと薄利多売、プライベート・ブランドなどによる仲介業者を通さない仕入れなどによって低価格化を実現している。また、一部のディスカウント・ストアは狭い空間に多くの商品を陳列する圧縮陳列による経費の削減も行っている。このように百貨店のビジネスとは異なったローエンド手法により、百貨店の市場を奪っていったのである。

　他にも航空会社のLCC、格安スマホ、理髪店のQBハウスなど、数多くの事例があるが、これらの新しい業界は今までのやり方とは大きく違う手法を持ち込み、ローエンドを実現している。

ローエンド型破壊的イノベーションへの取り組み

　いくつかローエンド型破壊的イノベーションの事例を紹介したが、ローエンド型製品が出現したときに、その業界の主流企業はそのローエンド型製品になかなか参入しようとはしない。これは現状のビジネスがうまくいっているために性能の低い製品を軽視することが原因である。特に高い技術を持った技術者は自分自身の技術に誇りを持っているので、低い性能の技術は軽視しがちである。しかし、顧客にとってローエンド製品は常に魅力的であり、顧客の一部はローエンド製品に流れていく。新しい技術や手法によるローエンドの製品やビジネスが出現したときには即座に何らかの対応を取らないと手遅れになってしまうことがある。自社の技術の方が、技術レベルが高いために「ローエンドの技術が普及するかどうかよくわからないから、しばらく様子を見てみよう。それから対応しても遅くない」という判断をする経営者は多いようだが、これは危険である。様子を見ているうちにローエンド製品が売れ始め、「ちょっとまずいかなあ」と思い始めたころにはもう手遅れである。このことについてはクリステンセンの著書(5)でも詳しく述べている。

ローエンド型破壊的イノベーションは単なる原価低減活動ではない。原価低減活動は、ベースは現状の技術を使った製品で、そこにいろいろなアイデアで少しずつコストを削減していくものである。材料を減らすとか、安価な部品を使うとか、構造を変えて作り易くして製造コストを下げるとかして原価を下げるもので、5％とか 10％の原価を低減しようという活動である。しかし、ローエンド型破壊的イノベーションを実現するにはコストを現状の半分にするとか3分の1にするとかいうアプローチが必要である。そのためには今までとは全く異なった考え方で全く新しい技術や手法を導入することが必要になってくる。

　クリステンセンはその著書⑸の中では、ローエンド型破壊的イノベーションを起こすには「性能過剰の部分を探せ」と言っている。性能過剰になる理由は顧客ニーズがなくても設計技術者の技術力を最大限生かしてしまったために高性能になってしまったとか、今まで使い慣れた高性能な部品を使うために高性能になってしまったとかというのが考えられる。性能過剰な部分は多少性能が下がっても思い切って要件にあった安価な標準品に置き換えることによって大きくコストダウンさせることも必要である。

　デジタル製品はムーアの法則によって性能が 18 か月で 2 倍になる。このような製品は 5 年、10 年経つと最初のものに比べるととてつもなく高い性能のものになってしまう。そのようなときに本当にこんな性能のものが必要なのかということを自問し、今までとは全く異なった破壊的技術によって多少性能は落ちるが、価格を 1/2 あるいは 1/3 にできるとローエンド型破壊的イノベーションが実現できる可能性がある。今までの技術の延長線では思いつかないような思い切った革新的技術が必要である。

【ポイント】
・　ローエンド型破壊的イノベーションはベースとなる基本技術が今までとは異なった破壊的技術によって性能は低いけど、圧倒的に低価格な

製品が開発され、その後、性能向上によって徐々に現有製品が駆逐されていくイノベーションである。

・ 技術者は複雑で高性能な製品を作りたがるので、ローエンド型の製品が出現するとそれを軽視しがちである。様子見をして対応を取らないと、ローエンド型製品が売れ始めたころには手遅れになり、その後の性能向上によってボリュームゾーンも取られてしまうことになる。

・ 「品質第一」といって品質ばかりを追求して過剰品質になり、コストをないがしろにするとビジネスで負けてしまうことがある。顧客から求められる品質は維持してコストは徹底的に下げる活動も重要である。韓国勢に取られて DRAM がいい例である。

・ クリステンセンはローエンド型破壊的イノベーションを起こすには性能過剰な製品を探せと言っている。

・ デジタル製品は「18 か月で 2 倍に性能が向上する」というムーアの法則によって急激に性能が向上し、知らないうちに顧客の要求している性能以上になってしまうことがあるので、ローエンド型破壊的イノベーションが起こりやすい。

2.1.3 新指標型破壊的イノベーション

　新指標型破壊的イノベーションは顧客が求める性能などの指標が徐々に変わってしまう、あるいは現在は使っていない新しい顧客が現れて今までとは違う指標を求めるために起こるイノベーションである。

　製品には基本性能がある。例えば、自動車の基本性能は一昔前までは馬力とかスタイルだったが、徐々に環境性能とか省エネ性能が問われるようになってきた。馬力はある程度あればよく、その上での環境性能や省エネ性能を顧客が重視しているのである。現在はこれらの指標に加えて安全性が求められるようになり、前方、後方の自動ブレーキ機能やさまざまな運

転のためのガイド機能などが実装されるようになってきた。将来は自動運転の性能が問われていくことはほぼ間違いない。このように顧客が求める指標が徐々に変化し、それに対応するために起こるイノベーションが新指標型の破壊的イノベーションである。

　新しい指標によって破壊的イノベーションが起こることはクレイトン・クリステンセンらの著書(6)にも述べられているが、イノベーションのS字曲線を使って説明してみると図2.1.3.1のようになる。

　図2.1.3.1では、当初「性能A」が顧客の評価する指標であったが、時と共に「性能B」が評価され始め、その後、「性能C」が評価されるようになったことを示している。新しい指標が評価されるようになっても以前の指標も残り、顧客の中には以前の指標を重視して購入することもある。顧客の求める指標の重要度は急激に変化するわけではなく、徐々に変化していき、確実に新しい指標で評価する人は増えていく。

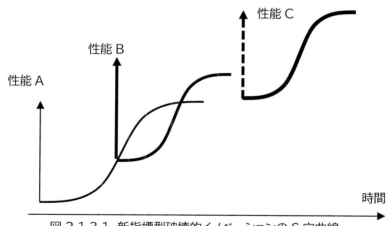

図 2.1.3.1　新指標型破壊的イノベーションのS字曲線
（R. Foster のS字曲線を使って新指標型破壊的イノベーションを表現）

　さまざまな製品において基本性能以外に上記の環境、省エネ、安全性、自動化があり、他にも使い易さ、耐衝撃性（壊れ難さ）、大きさ／薄さ、デザイン、軽さなどさまざまな指標がある。性能指標は時代とともに徐々に

変化するが、以前の指標も残る。もちろん、以前の指標の重要性は減ってくる。また、新しい指標の市場は限られているとニッチ市場が形成されることになる。性能指標がいくつも現れ、複合化され、複雑で製品が多様化してくる。顧客によっては複数の指標を重み付けして評価し、購入することもある。現在のマーケットで、次に変化する重要な性能指標が何かを考え、そこに技術開発をフォーカスして競合他社に打ち勝つという戦略が重要になってくる。

次に具体的な事例を使って説明する。

◇ホンダの CVCC エンジン

1970 年に米国の上院議員であるエドムンド・マスキーの提案によって自動車の排気ガス規制のために大気浄化法改正法（通称、マスキー法）が制定された。これは 70 年型自動車の排出ガスの一酸化炭素（CO）と炭化水素（HC）を 75 年までに 90%減少させ、窒素酸化物（NOx）については 76 年までに 90%削減させなくてはならないというものである。削減できなければ販売できないという厳しい法律であった。それまでの自動車と言えば、パワーとスタイリングが指標であったが、大気汚染が問題となり、環境という指標が新たに重視されてきたのである。

このマスキー法を世界で初めて商用車エンジンとしてクリアしたのがホンダの CVCC (Compound Vortex Controlled Combustion：複合渦流調整燃焼方式)エンジンである。これはガソリンを希薄燃焼させることによって排出ガスの有害物質を低減させるものであるが、ガソリンが希薄だと引火しにくいという問題があった。そのために副燃焼室を作ってそこで通常の濃度のガソリンで確実に燃焼させたのちに主燃焼室で希薄ガスを燃焼させるというのが CVCC 方式のエンジンである。もともとは旧ソ連で開発された技術である。ホンダは 1972 年に開発したことを正式に発表したが、これは世界で初めてマスキー法をクリアしたエンジンであった。

一方、米国の自動車大手の 3 社（ビッグ 3）をはじめ世界の多くの自動

車メーカーは何もしなかったわけではないが、触媒によって生成された排気ガスをクリーンにする方式で研究が進められたが、うまくいかず、さじを投げかけていた。

　ホンダはこの CVCC エンジンを搭載してマスキー法をクリアした四輪車のシビックやアコードを 1973 年以降に米国で販売し、米国で確固たる四輪自動車メーカーの地位を築いた。

　ホンダは将来の重要な性能指標が環境になることを見越して 1966 年から排気ガスの有害物質削減のプロジェクトを発足させ、長期間の研究開発を行い、見事にマスキー法をクリアした。長い目でトレンドをしっかり見極め、確固たる目標を持って新技術を開発して成功した典型的な例である。

　なお、近年の環境配慮型エンジンは廃棄ガスの浄化触媒を使ったものが主流になっている。

◇トヨタのハイブリッド自動車

　1997 年にトヨタ自動車から HV (Hybrid Vehicle：ハイブリッド自動車) のプリウスが世界で初めての商用車として発売された。環境の問題はとりあえず解決され、その後に石油の枯渇とそれによるガソリンの高騰が言われて省エネ車の必要性が叫ばれるようになったのである。HV はその一つの解であった。HV は大トルクが必要な発進時や低速走行でモーターを使い、高速走行では従来のエンジンを動かすというものである。これによって大幅な省エネを実現することができ、2020 年に販売されているプリウスの燃費のカタログ値は 40.8km/L（トヨタ自動車のホームページより）で、普通のレシプロエンジン車に比べると圧倒的に燃費はよい。

　1973 年にオイルショックがあり、トヨタ自動車では将来の石油高騰を見越して 1975 年に東京モーターショーで HV のコンセプトモデルを出展している。その後、電池の問題で開発は中断されているが、将来起こりうる石油高騰のためには省エネ車が必要であるという認識で HV が開発された。将来的には、省エネ車は EV (Electric Vehicle：電気自動車)が主流になる

と言われているが、EV は充電に時間がかかるという問題があり、HV は PHV（Plug-in Hybrid Vehicle）と共に根強く残っていくという予想もある。

◇パナソニックのタフブック

　ノートパソコンは持ち運びが容易であるというメリットがある反面、持ち運ぶために落としたり、ぶつけたりして壊れてしまうという危険がある。そこでパナソニックは 1996 年に耐衝撃性・耐振動性を備えたノートパソコンをタフブックという名称で発表した。タフブックは 1m 程度上からコンクリートの床に落とす、水をかける、などの衝撃や、数十キロの荷重にも耐えることができるというノートパソコンである。

　値段は多少高いが、タフブックは米国では軍や警察で独占的に使われるようになった。日本でも同様に自衛隊、警察、消防、あるいはロードサービスなどで採用されている。この製品は値段も若干高額なためにニッチな商品になった。パソコンのボリュームゾーンを狙った商品ではないが、市場規模もそれなりにあり、多少高額でも購入してもらえる。普通のパソコンと違って、耐衝撃性・耐振動性という性能指標で差別化した製品である。

◇カシオ計算機の G-SHOCK

　カシオ計算機の技術者が腕時計を落として壊してしまったことがきっかけとなって、1981 年に落としても壊れない腕時計の開発が始まった。1983 年にその最初の製品が G-SHOCK という名称で発売された。耐衝撃性の目標として「トリプル 10」（落下強度 10m、防水性能 10m、電池寿命 10 年）を KSF として設定し、開発が開始され、1983 年の最初の製品でそれらを達成した。

　腕時計は時間の正確性、デザイン、防水性などさまざまな性能指標があるが、G-SHOCK は耐衝撃性を重要な性能指標としている。そして、その耐衝撃性をデザイン化し、男性的で強いというイメージを美しくデザインしているところが顧客に受けているようである。

新指標型破壊的イノベーションへの取り組み

　経営面から考えると直近の業績が気になるので、顧客ニーズと競合他社の動向、そして自社の状況から分析するミクロ環境分析から戦略を立てざるを得ないということが現状なのだろう。しかし、ミクロ環境分析だけではなかなか次に時代の新指標が何かは見えてこない。社会や政治、経済、技術、環境、法律などのマクロ環境分析を行い、その変化やメガトレンドを先取りする必要がある。長期的に考えて次の新指標が何かを見極めて研究開発の方向を決めていかなければならない。そして、それが新指標型の破壊的イノベーションに繋がる。

　メガトレンドには技術動向、人口動態、環境問題、グローバルに見た各地域の経済動向などいろいろある。IoT（Internet of Things）や AI（Artificial Intelligence：人工知能）、ビッグデータ分析、自動車の自動運転などはずいぶん前から言われている。現代の若者たちが何を考えているか、どんな価値観なのか、裕福なシニア層が何に興味を持っているのか、環境問題はどこまでやらないといけないのか、など考えればいろいろと新しく求められる指標が見えてくる。

　そういえば、米国の化学の企業であるデュポンには「100 年委員会」というのがあって、100 年後の未来がどうなっているのか、そのとき自社はどうあるべきかを考える委員会だそうである。そんなことを継続して考え続けていると何か新しい性能指標や価値観が見えてくるかもしれない。100 年後では先過ぎると考えれば、「30 年委員会」でも「20 年委員会」でもいい。要するに直近の動向ではなく、長期に亘ってトレンドを考えることが重要である。若い世代や裕福なシニア層など、会社の経営層から離れた人々に直接、継続して議論してもらうのもいいかもしれない。

【ポイント】
・　新指標型破壊的イノベーションは顧客が求める性能などの指標が徐々に変化する、あるいは新しい顧客が現れて今までとは異なった指標を

求めるために起こるイノベーションである。
・　基本性能以外に、環境、省エネ、安全性、自動化、使い易さ、耐衝撃
　性、大きさ／薄さ、デザイン、軽さなどさまざまな指標があり、顧客
　の要求がそれらの新しい指標に移ることによって新指標型破壊的イノ
　ベーションが起こる。
・　新指標型破壊的イノベーションに取り組むには社会や政治、経済、技
　術、環境、法律などのマクロ環境分析を行い、変化やメガトレンドを
　先取りすることが重要である。メガトレンドには技術動向、人口動態、
　環境問題、グローバルに見た各地域の経済動向などいろいろある。
・　デュポンの「100 年委員会」のように、会社の中に長期的なトレンド
　と自社のあるべき方向性を考える委員会を作って考えるのも一つの方
　策である。

2.1.4　新結合型破壊的イノベーション

　新結合型の破壊的イノベーションはすでに開発されて存在する技術や製
品を現在の製品に新たに結合させることによって新たな付加価値を持った
今までとは全く異なった製品を創出するイノベーションである。
　シュンペーターは著書「経済発展の理論」の中で「イノベーションとは
新結合である」と言っており、アルベルト・アインシュタインは「創造的
思考は組み合わせ遊び」と呼び、スティーブ・ジョブズは「創造とは物事
を繋ぐことである」と言っている。クリステンセンも著書(7) の中でも「イ
ノベータには関連付けの能力が最も重要である」と言っている。つまり、
人間はゼロの状態から新しいものを創造することはできず、いろいろな知
識を持っていて、それらをうまく繋ぎ合わせることによって新しいものを
創り出していくことができるという考え方である。新しい技術が次から次
へと生まれてきた 20 世紀においては技術革新が多く、さまざまな新しい

製品ができてきたが、21世紀においてはすでに非常に多くの技術が存在しており、これらをうまく結合して破壊的イノベーションを起こすことが重要であり、期待されている。

　イノベーションのS字曲線を使って新結合型破壊的イノベーションを説明すると図2.1.4.1のようになる。この図ではすでにある技術Aを現在の製品Bに結合させて、製品Bより著しく性能の高い新たな製品Cを創出するとか、全く異なった製品を創出することを示している。したがって、図2.1.4.1において、製品Cの性能の指標は製品Aや製品Bとは違ったものになることもある。

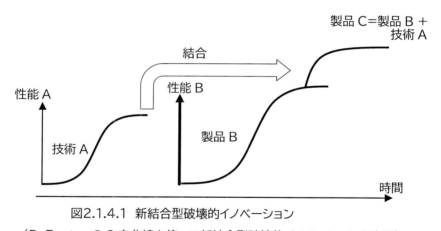

図2.1.4.1　新結合型破壊的イノベーション
（R. FosterのS字曲線を使って新結合型破壊的イノベーションを表現）

　次に具体的な事例を使って説明する。

◇ソニーのトランジスタ・ラジオ

　ラジオ放送とラジオ受信機は1920年代に米国で普及し始め、瞬く間に世界中に普及していった。初期のラジオ受信機は真空管が使われており、大きくて重く、現在のテレビと同じように据え置き型で、テレビのない時

代には家庭の居間に置かれて家族みんなで聞くものであった。

　1947年にベル研でトランジスタが発明されると、ソニーの前身である東京通信工業（東通工）はベル研から技術をライセンス導入し、トランジスタ・ラジオの開発を始めた。世界初ではなかったが、1955年に商品化に成功し、消費電力が小さいので電池で動作し、持ち運びができるトランジスタ・ラジオが生産され、世界中でソニーのトランジスタ・ラジオが売られた。このトランジスタ・ラジオが現在のソニーの礎を築いたと言っても過言ではない。

　トランジスタ・ラジオは真空管をトランジスタに置き換えたもので、ラジオにトランジスタを結合させたものだと言える。成功したものをあとから考えると「なんだ、ラジオにトランジスタを結合させただけではないか」と思われるかもしれないが、先駆者としてだれもやったことがないことを行うことはいろいろ問題もあっただろうし、不安もあっただろう。そのようなものを打ち破って事業化したことは優れた決断だったと言える。

◇アップルのスマートフォン

　2007年にアップルからiPhoneというスマートフォンが最初に発売され、携帯電話市場と電子手帳市場を瞬く間に奪ってしまった。その後、一部のパソコン市場、電子カメラ、電子辞書の市場の一部も奪ってしまったと言ってもいい。

　スマートフォンの機能をチェックしてみると、技術的に新しいものはほとんどなく、それまでに開発された携帯電話の技術と、パソコンとそのアプリケーション・ソフトウェア、電子手帳、電子カメラなどの技術をうまく、洗練された形で一つの携帯端末に入れ、ポケットに入れて持ち運びができるようにしたものと言える。携帯電話からは通話、電話帳、電子カメラの機能を、パソコンからはアイコンによる画面操作、タッチパネルの機能、アプリケーションのダウンロード機能を、電子手帳からはスケジュール管理、メモ帳などの機能を取り込み、さらにタッチパネルによってマン

マシン性能を高め、さまざまな機能をうまく結合させた、まさにオールインワンの携帯端末にしたのである。

◇インターネットとの結合

　インターネットが出現した当時、筆者もそのデモをみたが、最初の印象は掲示板とか広告に使おうとしているのだろうか、とぐらいにしか考えなかった。しかし、しばらくすると、本の販売を始め、さまざまなものが小売りとして利用できるようになった。衣料品や酒類、家電、日用雑貨、食品は言うに及ばず、今では生鮮食料品までインターネットで発注して家まで届けてもらうことができる。

　小売り以外にも乗り物やコンサートのチケット、ホテルやレストランの予約、オークションなどもインターネットでできるようになった。他にも会社の紹介や採用のための書類送付、ウィキペディアのような百科事典、地図、学会誌の論文やプレゼンテーション資料などもインターネットで見ることができる。他にもさまざまな用途が開拓されている。

　これらはすべて以前からあるビジネスをインターネットに結合させて新しいビジネスを創出したものであり、今後もますますインターネットに結合されるものは増えていくであろう。「インターネットにこんな事業を繋げることはできないだろうか」ということを発想することによって新しい事業が広がっていく。

　他にもウォークマンとダウンロード機能を結合させたアップルの iPod、小説と電子端末を結合させたキンドル端末、乗り物と宿泊を結合させたパック旅行、米国で人気の乗用車とトラックを結合させたピックアップトラックなど、新結合によって世の中で広く使われている製品はたくさんある。

新結合型破壊的イノベーションへの取り組み

　新結合型破壊的イノベーションを実現する上で重要なことは結合される重要なコア技術の１つは自分あるいは自分たちのチームで持っていることである。コア技術を持っていなければ、他の技術を繋ぐことは難しい。

　たとえば、コア技術を持っていないＡさんが「Ｂさんが持っている技術とＣさんが持っている技術を繋いでこんな新しい製品を作りたい」と言っても、ＢさんとＣさんはＡさんから何かを得ることができなければ、ＢさんとＣさんだけでそれを実現することができるわけで、Ａさんが仲間に入る必要はないわけである。そのために、自分や自分たちのチームが他の人が簡単には真似できないコア技術を持っていないと当事者になれる可能性は低い。コア技術を持っていれば、他の人からもそのコア技術が魅力的に見える場合があり、他の技術を保有している人からも積極的な歩み寄りが得られるかもしれないし、それによって技術を結合させ、新しい製品を作っていくことができる。

　研究所で新しい技術の開発をする場合には、世界でトップクラスと言わないまでも、少なくとも社内でトップクラスのコア技術を自分や自分たちのチームで保有することが新結合の必要条件である。自分たちのコア技術にさまざまな技術を結合させたとき、どんな新しい製品が生まれるのかをデザインしてみるとよい。その上で顧客に対して付加価値が生まれそうなら試作し、製品化に向けて開発すればいい。

　コア技術は社内で関係する事業に使われ続けるとそのうち陳腐化する。そのために研究所では常に新しいコア技術を探し求め、自分たちのチームで作り上げて保有することが重要である。新しい製品を開発する過程で、新たなコア技術が必要になることがあれば、それを開発して新たなコア技術にしてもよい。開発のスピードを上げるために必要なコア技術が外部にあればそれを使うという手段もあるが、自分たちで短期間に開発できそうなら自分たちで開発した方がよい。それによって新たなコア技術を保有することができるのである。

新結合によって新たな製品を企画するとき、将来の技術が何かということを早めに見極め、そのような技術を早めに用意して、それらを現有事業の製品に結合させていくという戦略も重要である。たとえば、これからは「AI（Artificial Intelligence：人工知能）が重要だ」、「IoT（Internet Of Things）がキー技術だ」、「ビッグデータ分析も重要だ」などと言われれば、AI や IoT、ビッグデータ分析などを現有事業に結合させたら、いったい何ができるのかという視点で新しい技術や製品、システムを考えていくことも一つの方法である。

　今までに多くの技術が開発され、小さくて近い結合は比較的容易で、ビジネスに応用されてきた。これからは大きくて遠い新結合が破壊的イノベーションに繋がるとも言われている。

【ポイント】
・　新結合型破壊的イノベーションはすでに開発されて存在する技術や製品を現在の製品に結合させることによって新たな付加価値を持った今までとは全く異なった製品を創出するイノベーションである。
・　新結合型破壊的イノベーションを起こすには自分や自分たちのチームで魅力あるコア技術を保有していることが重要である。
・　新結合によって新製品を企画するとき、将来の技術が何かということを早めに見極め、そのような技術を自分たちのコア技術と結合させたら何ができるかという視点で戦略を考えるのも一手法である。
・　これからは大きくて遠い新結合が今後の大きな破壊的イノベーションに繋がると言われている。

2.1.5 新機能型破壊的イノベーション

　新機能型破壊的イノベーションは今までに同様の機能が提供されていなかった全く新しい機能を提供するイノベーションである。したがって、比較される既存事業がなく、何かを破壊したというわけではないが、破壊的イノベーションの一つとして述べておく。

　これをイノベーションのＳ字曲線で表すと単に１つのＳ字曲線を描くことになるので、前出の図 1.2.1 の図そのものになる。以前に同じような機能のものがないので、Ｓ字曲線が一つになる。

　新機能型破壊的イノベーションは全く新しい機能を持った製品を生み出すわけで、比較される既存製品がないために、最初はどんな用途に使ったらいいのかよくわからず、最も適した用途を見出すのに思考錯誤し、時間がかかることがある。また、時間はかかるが、新しい用途が見つかって思わぬビジネスに発展することもある。

　具体的な事例をあげて説明する。

◇飛行機

　かつて空を飛ぶのは人類の夢であったが、ライト兄弟が 1903 年に世界で初めて飛行に成功した。しかし、世間はこれを信用しないどころか、反発した人も多かった。一部の新聞、米国陸軍、大学教授らが「機械が飛ぶことは科学的に不可能」と考えていたことも残っている。当初、ライト兄弟は自分たちの飛行機を野原で飛ばし、どれだけの距離を飛んだとか、どのくらいの高さまで飛んだとかの記録に挑んでいた。その後、ライト兄弟は飛行機の用途を考え始め、最初に戦争時の偵察機として使えると考え、米国の国防総省に売り込みに行った。しかし、国防総省は以前に飛行機の研究資金を出したがうまくいかなかったために、今度もうまくいかないだろうと考えて断ったという事実が残っている。仕方なくライト兄弟は欧州

に売り込みに行った。そして、最初に受注したのはフランスの国防省からだった。それを見た米国の国防総省は後に飛行機をライト兄弟に発注している。

　このように飛行機というのは以前に似たものがないために、最初は飛行機の存在を信じることができない人が多くいたし、飛行機が一体何に使えるのかよくわからず、人間の夢を追いかけていただけで、適した用途を見つけるのに時間がかかった。しかし、飛行機が戦争の偵察機として使われることが決まると激しい開発競争が始まり、初飛行から 11 年後の 1914 年に勃発した第 1 次世界大戦では飛行機は偵察機としてだけでなく、戦闘機、爆撃機としても活躍している。一旦その用途が理解されると、すさまじい勢いで技術の改良開発が行われ、新しい用途が開拓されていくことを表している。

◇インターネット

　インターネット上でさまざまな情報を閲覧することができるウェブブラウザとして 1994 年に Netscape Navigator がリリースされ、ネットで情報を獲得できるようになった。筆者もその頃に初めてインターネット上にあるホームページを見せてもらった。ウェブのアドレスを入力するとそこにある情報が出てくる。面白そうだとは思ったが、それが何に使えるかということは全く想像が付かなかった。広告や宣伝、情報伝達のための掲示板に使うことはできるとは思ったが、それ以上のことは想像することはできなかった。

　しかし、前項でも述べたように、このインターネットの技術はその後、さまざま小売りや予約などに活用されるようになった。小売りについては、1994 年にはアマゾンの前身の会社がジェフ・ベゾスによって立ち上げられ、1995 年からオンライン書店のサービスを開始した。その後、本以外にもさまざまな商品を世界中で販売するオンラインショップに成長し、2019 年の売り上げが約 30 兆円と世界最大の小売り企業に成長した。

他にもレストランやホテルを、インターネットを使って探し出し、簡単に予約できるようになった。もちろん、キャンセルもインターネットでできるようになった。また、ネットオークション、動画や音楽の配信、最新のニュースの閲覧などに活用され、今やインターネットがなくては生活できないような状況になってしまった。

◇グーグル検索

グーグルは 1998 年にスタンフォード大学の博士課程の学生だったラリー・ペイジとセルゲイ・ブリンによって設立された。当初は大学で開発したウェブ上で文献などを検索する技術を開発し、会社設立時にはその検索エンジンをライセンスするビジネスにしていた。しかし、契約が増えず、ビジネスモデルをうまく構築できなかった。当初はペイジもブリンも検索エンジンを広告ビジネスに使用することには否定的だったが、ビジネスモデルを構築するために 2000 年から広告ビジネスに参入し、料金を支払えば検索結果の上部に広告を表示するビジネスモデルを構築し、莫大な収益が得られるようになった。後からできた親会社のアルファベットの 2018 年の売上げは約 15 兆円、純利益は約 4 兆円の巨大企業に成長している。なお、アルファベットの 99％の事業はグーグルである。

このように今までになかった全く新しい技術は、最初は何に使ってよいのかわからないことがあるが、試行錯誤しているうちにその技術に最も適したビジネスモデルが見つかり、巨大なマーケットを創り出していくことがある。

新機能型破壊的イノベーションへの取り組み

新機能型破壊的イノベーションは、研究者や技術者の興味を深掘りしていって技術が確立されたという感がある。そのために、当初は研究者や技術者の夢を実現するのが目的で、ビジネスのことはあまり考えていないよ

うなところがある。このような破壊的技術の創出には自由な発想で、精神的に余裕をもって研究ができる環境が必要になる。現代においてそのような環境の場所はどこかというとやっぱり大学の研究室のようなところであろう。ビジネスのことは考えずに自分の興味を深掘りできる場所である。できあがった後に面白い技術だから何かに使えないかということで、検討が始まることが多いようである。ただ、コンピュータのように弾道計算を目的に開発され、その後、さまざまな用途が開発されたものもある。

【ポイント】
- 新機能型破壊的イノベーションは今までに同様の機能が提供されていなかった全く新しい機能を提供するイノベーションである。
- したがって、比較される製品や事業があるわけでなく、何か他の製品や事業を破壊したというものではない。
- 新機能型破壊的イノベーションは、どんな用途に使ったらいいのを見つけ出すのに時間がかかることがある。
- 研究者や技術者が、自由な発想で、精神的に余裕をもって研究ができる、大学の研究室のような環境が必要になる。

2.1.6 各破壊的イノベーションの特徴と対応

　破壊的イノベーションを高性能型、ローエンド型、新指標型、新結合型、新機能型に分けて説明してきた。ここではこれら5種類の破壊的イノベーションの特徴を比較し、取り組み方について述べてみる。

◇高性能型は数学や科学をベース
　高性能型破壊的イノベーションは数学や科学をベースに理論で展開することが多く、長期の基礎研究が必要で、実現に困難が伴うことが多い。目

標は明確になっているので、成功すれば大きなインパクトがあるが、時間がかかるし、短期的な成果も出し難く、失敗するリスクも高い。そうこうしているうちに長期の基礎研究に対する抵抗勢力が出てきてだんだんやり難くなる。そして、当初のもくろみ通りにはいかず、途中で断念することになることもある。

　かつては企業でも基礎研究を大がかりに行っていた時期があった。米国の電子情報産業では ATT のベル研や IBM のワトソン研究所、ゼロックスのパロアルト研究所、日本の電機産業の中央研究所や NTT の研究所などでは基礎研究も行われていたが、近年では基礎研究の活動は下火になっているように見える。これは企業の目的が、利潤中心にならざるを得なくなり、そのために企業の研究所のミッションも同じ方向性を示すことが必要になったこと、企業内の研究開発のマネージメントが一定のプロセスに従ったルーチンワークとなって成果を明確に求められるようになったこと、グローバル化による開発競争が激化してきたために短期間で事業に貢献できる明確な成果が求められるようになってきたことなどに起因していると考えられる。長い時間がかかり、また成果が事業にうまく繋がるかどうかわからない基礎研究は企業ではやりにくくなってきたのである。

　創業者一族が経営するような会社では長期的な視点で経営するので、破壊的技術の開発も長期に亘って継続することがあり、成功することもある。しかし、サラリーマンの経営者が、研究開発にも短期的な成果を求めるようになると高性能型の破壊的技術の開発は企業内ではやり難くなる。そのために、高性能型の破壊的技術の開発は利益を第一に考えない大学などの研究室で行われることが多い。この部類の破壊的イノベーションによってノーベル賞を受賞した人が多いし、受賞者の多くは大学の教員である。

◇ローエンド型、新指標型、新結合型はアイデアをベース

　一方、ローエンド型、新指標型、新結合型の破壊的イノベーションは既存製品に関連する革新的な「きらめくアイデア」を付加することによって

実現することができる。既存のコア技術と新しいアイデアがベースになることが多いので、開発スピードを重視する企業の研究開発に適合している。実際、この部類の破壊的イノベーションは多くが企業の研究開発や、戦略的な製品企画によって開発されることが多い。特に日本の大企業は多くのコア技術と優秀な技術者を保有しており、ローエンド型、新指標型、新結合型のアプローチがし易く、破壊的技術の創出に積極的にチャレンジしてほしいものである。

　ローエンド型の破壊的イノベーションは実現されれば、低価格になるために既存製品に置き換えることができる。ただし、これは既存製品の部品を削るとか安価なものに置き換える、あるいは機能そのものを削るなどの単なる原価低減というのではない。革新的で新しいきらめく低コスト化が可能な新技術や戦略の創出が必要である。

　新指標型は世の中のトレンド、人口の傾向、若者やシニアの嗜好の変化などを読み取り、それらに適合したアイデアや技術をいれた新しい製品を作り出していくことになる。新指標型は以前に評価されていた指標から徐々に変化していくが、市場全体が新指標の製品に変わってしまうというものではなく、以前の指標も残る。したがって、個人の趣向にあったさまざまな製品が現れ、製品が多様化することになる。

　新結合型は企業の中にあるさまざまなコア技術を結合させることによって新たな製品を作り出していく。単一の破壊的新技術の創出が以前に比べて徐々に減ってきている現代では、新結合によって新たな製品やサービスが創出されることこそこれからの破壊的イノベーションの大きなトレンドになっていくと言われ、期待されている。ここで重要なことはそのためには自分たちがコア技術を保有していることである。コア技術を持っていないと別のコア技術と繋ごうと思っても、別のコア技術を持っている人たちから見ると Win-Win の関係になっていないので繋がり難い。共同作業が面倒なら、個人で複数のコア技術を保有すれば自分の中でコア技術を繋げることができるが、複数のコア技術を保有するにはかなり努力と時間、機会

が必要である。イノベーションの観点から考えると、コア技術を多く保有し、それらのコア技術が結合しやすい場を持っている企業が破壊的イノベーションを創り出し易いと言える。

　経営戦略論では「選択と集中」が一つの優れた戦略として語られることがある。自社のマーケットシェアが大きく、利益率や成長率の高い分野を選択して、買収なども含めてそこに資源を集中させるのがいいとされる。この場合、選択されない事業は売却されることになる。このやり方は得意な分野に資源を集中させることによって生産効率を上げ、確かに短期的には利益率を向上させる優れたやり方ではある。しかし、選択されない事業がなくなってしまうので、結合させるコア技術を少なくしてしまうこととなり、長期的な視点でイノベーションを起こすために優れている手法かどうかは、筆者は疑問に思わざるをえない。特にマーケットが小さくても成長率が高い事業は成長の過程で、うまくやればマーケットシェアを大きくすることができるので、事業を売却することはよく考えた方がいい。成長率が高いということは優れた戦略によって成長する部分のシェアを獲得することができる可能性はあるし、ビジネスがいろいろな方向に派生する可能性もある。成熟した事業についてはマーケットシェアの大きさによって利益の大きさや利益率が変わってくるので選択と集中も致し方ないかもしれないが、成熟していても破壊的イノベーションが起こらないというわけではないのでよく考えた方がいい。
　最近の米国の GE（General Electric）の業績を見ているとそんなことを感じずにはおれない。1980 年代から 90 年代にかけて当時の CEO のジャック・ウェルチが業界の 1 位か 2 位の分野に資源を集中するという経営を徹底した。その結果、GE の業績は見違えるほどよくなり、ジャック・ウェルチは 20 世紀最高の経営者の一人と言われるようになった。しかし、最近の GE の業績の凋落は目を覆うような部分があり、株価も下がったままである。「選択と集中」は大量生産によって企業活動を効率化することが

でき、短期的にはいい結果をもたらすが、「選択と集中」をし過ぎると、新結合のためのコア技術が少なくなり、イノベーションなどの長期的な成長が阻害されるのではないかと思わずにはいられないのは筆者だけだろうか。

　また、「選択と集中」は集中する事業を間違えると企業の存亡に関わるほど重大な事態を招くことがある。第 6 章のイノベーションのジレンマの章で述べられているイーストマン・コダックは写真フィルムの世界トップ企業であったが、写真フィルムに集中し、デジタル・カメラや EL パネルなどの成長産業を選択から外した。そのために 20 世紀には超優良企業であったが、21 世紀に入って業績が悪化し、2012 年に経営破綻にまで追い込まれた。一方で、日本の写真フィルムのトップ企業であった富士フイルムは自社のコア技術が活用できるさまざまな事業に手を伸ばし、多角化経営によって今でも優良企業であり続けている。

　さまざまな技術がすでに開発され、さまざまな製品が溢れている現代においては、ローエンド型、新指標型、新結合型の破壊的イノベーションの中で、新結合型が特に有望であると言われている。クリステンセンも自身の著書の中で新結合型がこれからの有望な破壊的イノベーションであると言っている。特に近年は 20 世紀のように新しい技術が次から次へと現れてくるような時代ではなく、新技術の数は確実に減っているように思われる。ただ、すでに多くの技術は存在しており、新結合によって新しい製品を創り出すことは有望な破壊的イノベーションに繋がる可能性がある。関連性の近いものの結合は多くが考え出されており、関連性が遠いものを結合させることによって新たなきらめきとなる技術が生まれるのではないかと期待されている。

◇新機能型は興味の深掘り

　新機能型破壊的イノベーションはビジネスのことはあまり考えず、研究者や技術者の興味を深掘りしていくところから生まれる。こんなことができるようなものを作ってみたいという新しいものに対する興味がアイデアの

源泉で、その後、どうやってビジネスに繋げていくのかということはあまり考えず、自分の興味、夢を実現した後に考えればいいというところがある。場合によってはビジネスのことは全く考えていないのかもしれない。そのためには、自由な発想と行動ができる環境が必要になる。現代においてはそのような環境はどこかというとやはり大学の研究室のようなところであろう。事業ということはあまり考えなくて、精神的な余裕を持って、興味本位で研究することのできる場所で行われると考えられる。

◇破壊的イノベーションのアプローチの仕方

　ここでは破壊的イノベーションを5つに分類して説明してきたが、ある破壊的イノベーションは複数の型のイノベーションであることが多い。たとえば、スマホは新結合型の破壊的イノベーションであると説明してきたが、マンマシン・インタフェースにおいてはタッチパネルをうまく使うことによってそれまでの携帯電話や電子手帳に比べて洗練され、格段に優れていると言える。つまり、高性能なマンマシン・インタフェースを備えているということで高性能型とも言えるわけである。ハイブリッド車についても省エネという指標で圧倒的にすぐれた新指標型の技術であるが、考え方としてはモーターとエンジンを結合させた新結合型の技術であると言うこともできる。このように破壊的イノベーションについてもその型は複合化されていることがある。どの側面からアプローチするかは当事者がそのときどきに考え、結果的に破壊的技術を実現することが重要である。アプローチの仕方をしっかり理解し、破壊的技術にチャレンジすることが重要である。ただし、新機能型については複合化されることは難しいように思われる。したがって、アプローチの仕方も新しい機能を純粋に探求していかないとその機能を実現することは難しい。

【ポイント】
・ 高性能型破壊的イノベーションは数学や科学の理論をベースにすることが多く、長期の基礎研究が必要で成功すればそのインパクトは大きいが、失敗するリスクも高い。
・ ローエンド型、新指標型、新結合型の破壊的イノベーションは既存製品に関連する革新的な「きらめくアイデア」によって実現することができる。開発スピードを重視する企業の研究開発に適している。
・ 新機能型破壊的イノベーションは研究者や技術者の興味の深堀から発展することがある。
・ 破壊的イノベーションを創出するために、どのようなアプローチをとるかを決め、「きらめくアイデア」を創出することが重要である。

2.2 持続的イノベーションとは

　持続的イノベーションは図 2.1 にも示されているようにイノベーションの S 字曲線の成長期の部分で、破壊的イノベーションの後に起こり、著しい改良開発によって性能や機能、使い易さなどが向上なされる。ベースとなる基本技術は破壊的イノベーションで作られたものと同じであるが、市場が拡大すると急激に新規参入企業が増加し、性能向上や新しい機能の追加などのために熾烈な開発競争が行われる。

持続的イノベーションは差別化開発が中心
　持続的イノベーションのステージでは、ある製品開発が終わってもすぐに次の顧客ニーズが生まれ、そのために次の機能向上などの改良開発が行われる。技術の方向性は複雑、高性能で、高価格になり、改良開発が継続

的に行われる。ここではコスト低減活動も行われるが、技術の変化が激しく、まずは他社の製品より性能、機能、使い易さなどで優れているという差別化開発が中心になる。

　市場の拡大が急激で、市場が大きくなっていくと、新規参入者も多くなり、まさに「さとうきびに蟻」「雨後の竹の子」状態になることがある。このようにして持続的イノベーションは現有製品を発展させる。かつてのパソコンや携帯電話などはまさにそのような時期があった。市場の拡大が急激なために競争が激しくなり、新規参入企業も多いが、開発競争についていけないと市場から退出しなければならなくなる企業も出てくる。

持続的イノベーションは大企業が得意

　持続的イノベーションは大企業が得意である。大企業は市場がどんどん拡大していっても、優秀な技術者や営業マン、生産設備を抱えているので、その市場拡大に対応することができるのである。市場拡大が続いていれば、作れば売れるし、利益も上げることができることは明白であり、小さなリスクで高い確率で成功することがわかっている。顧客をすでに抱えていれば、顧客ニーズの情報も得やすいし、顧客ニーズを満足する製品をつくれば必ず売れる。すでに抱えている顧客を次の製品で満足されることは大企業の宿命でもある。このようにして大企業は成長している市場でボリュームゾーンのマーケットシェア獲得を目指す。もし大企業が持続的イノベーションを止めてしまえば、顧客は容易にすぐに他社製品に乗り換えてしまうことができる。

　日本企業はどちらかというと持続的イノベーションが得意である。かつては主に米国で発明された製品をより高性能でしかも値段を低く抑えて世界中に売った。特に1980年代から90年代の前半にかけて、日本の製品が世界の先進国に輸出され、90年代の始めには日本の一人当たりにGDPが米国のそれの1.5倍あった。そのために欧米各国から日本は「研究ただ乗り」をしており、基礎研究にもっと投資をするべきだと非難されていた時

期があった。今でもそのような傾向はあるが、中国や韓国、台湾の方が業界によっては持続的イノベーションに集中しているので、日本企業は目立たなくなった。

　激しい開発競争は何年も続くことがあるが、時が経つにつれ、徐々に改良率が低下し、製品は支配的設計である最終形に近づいていく。また、ベースとなる基本技術は改良するところがなくなり、注力点が周辺のオプション的な技術の開発に移っていく。そのようにして持続的イノベーションのステージも終わり、その製品は成熟期に入っていく。

◇パソコンの事例

　図 2.2.1 はパソコンの発展をイノベーションの S 字曲線上にマップしたものである。この図を使って、パソコンの破壊的イノベーションと持続的イノベーションを説明する。

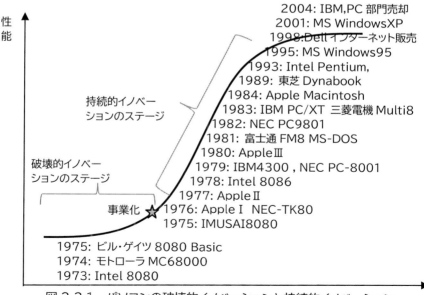

図 2.2.1　パソコンの破壊的イノベーションと持続的イノベーション

71

図 2.2.1 に示されるように、1973 年にインテルで 1 チップの CPU である 8080 が開発されたが、この CPU を使って 1975 年から 1976 年にかけて最初のパソコンが開発された。このパソコン上でビル・ゲイツが開発した 8080Basic のプログラムが動作したが、当時のパソコンはオフィスで使えるようなものではなく、ホビーの色彩が強いものであった。アップルの最初のパソコンである Apple I はボードコンピュータで、キーボードも電源も自分で用意し、表示装置は家庭用のテレビを使うというものであった。日本でも NEC がいち早く PC の分野に参入してきたが、いずれもホームユースの市場であった。ここまでが破壊的イノベーションのステージだったと言える。

　Apple I は約 170 台しか売れなかったが、アップルの開発者たちは将来の大きな市場を予感し、いち早く量産機である Apple II を市場に送り出した。Apple II はキーボードも表示装置も取り付けられており、現在のパソコンの原型と言える。

　本格的にパソコンの市場が形成されたのは IBM がパソコン市場に参入してからである。アップルのパソコンがホームコンピュータの領域だったのに対し、IBM のパソコンはビジネスをターゲットにしていた。IBM のパソコンは企業に多く売れ、それを見た多数の計算機メーカーや電子機器メーカーが「雨後の竹の子」のようにパソコン市場に参入し、IBM との互換性のあるパソコンを売り出し、飛躍的な市場拡大が進んだのである。この時期が持続的イノベーションのステージである。持続的イノベーションのステージではボリュームゾーンをターゲットとした支配的設計が追求され、IBM 互換機が支配的設計の製品と思われていたが、1995 年にマイクロソフトから独自の Windows95 を OS とするパソコンが売り出されて一気に支配的設計の方向が変わった。これはかつての UNIX をベースとしたエンジニアリング・ワークステーションで使われたさまざまな技術をパソコンに持ち込んだものである。これによってパソコンが最終形に近づいたために熾烈な製品開発競争が緩くなった。すなわち、持続的イノベーショ

ンが終わりに近づいたわけである。

　このようにしてパソコンは成熟期を迎え、各社似たり寄ったりのパソコンになってくる。そうすると価格競争が進むことになる。低コスト化が難しい企業は市場から退出を余儀なくされる。当初はパソコン業界の主導権を握っていたIBMはマイクロソフトとインテルに主導権を奪われ、さらにコスト競争に勝つことができず、2004年にパソコン部門を香港のレノボに売却して撤退した。汎用機が得意だったIBMは高コストな体質であり、低価格競争には勝てなかったのである。成熟期には別の章で述べる工程イノベーションが起こる。デルがインターネットや電話を使って受注してコスト削減を図るようになるとか、台湾のEMSを使ってグローバルな分業体制によってコスト削減を図るようになるのである。それによって低価格化が進み、高コスト体質の米国や日本のパソコンメーカーは台湾のEMSに製造を頼ることになっていった。また、パソコンのメーカーは合併や買収が進み、メーカーの数は減っていった。

【ポイント】
・　持続的イノベーションはベースとなる基本技術は今までと同じであるが、大きな改良によって著しい性能向上や機能向上などの差別化開発が中心に行われる。
・　持続的イノベーションは市場の拡大スピードが大きいと、多くの新規参入者を招き、激しい開発競争が繰り広げられる。
・　持続的イノベーションは大企業が得意である。大企業は優秀な技術者や営業マン、生産設備を抱えているので、顧客ニーズの対応や市場の拡大に対応することができるからである。大企業はボリュームゾーンのマーケットシェア獲得を目指す。
・　持続的イノベーションが起こっている状況で、開発を躊躇すれば、顧客はすぐに他社製品に乗り換えてしまう。持続的イノベーションに対応することは大企業の宿命であるとも言える。

- 日本は先進国の中では持続的イノベーションが得意で、1980年代から1990年代の前半にかけて、主に米国で発明された製品を高性能で低価格に生産することによって世界を席捲した。近年では中国、韓国、台湾が一部の業界で持続的イノベーションに集中している。
- 持続的イノベーションも徐々に改良率が低下し、製品が最終形に近づいてくるとその製品は成熟期に入っていく。

第3章 破壊的イノベーションが
難しい理由

　企業は一般に成長が求められている。これは成長することによって企業価値が上がり、株主や従業員から支持が得られるからである。しかし、今ある製品だけを懸命に売ろうとしてもその市場や国全体が成長していればよいが、成熟した市場や国ではなかなか売上げを伸ばすことはできない。

　そのような成熟した市場や国において企業が大きく成長するためには、破壊的イノベーションによって現有事業の市場を奪い取ることや新事業の創出、新しい販路の開拓、買収による獲得した事業との相乗効果など、思い切った施策が必要になってくる。

　ここでは大企業が破壊的イノベーションを起こすときの障害について議論する。破壊的イノベーションはうまく顧客に受け入れられれば、他社に先行して参入し、急進的な成長を遂げることができる。しかし、一方で破壊的イノベーションへの挑戦は失敗するリスクは高く、破壊的イノベーションに挑戦しても、さまざまな障害があってうまくいかないことが多い。本章では大企業が破壊的イノベーションを起こすのがなぜ難しいのかということについて述べる。

3.1 クリステンセンの「イノベーションのジレンマ」

　クリステンセンがその著書 (5) で、大企業で破壊的イノベーションがう
まくできない理由を「イノベーションのジレンマ」として述べている。

　「イノベーションのジレンマ」とは大企業がすでに抱えている主要顧客
を重視し、顧客ニーズをしっかり訊いて次の製品開発を行い、継続的に収
益をあげる。そのため、社内から今までの技術とは全く異なった破壊的技
術が提案されても顧客ニーズがないとその提案は切り捨てられてしまうこ
とになる。提案した技術者はなんとか自分の提案した技術を事業化しよう
とベンチャー企業を設立し、最初は小規模な市場で成功を収める。大企業
はベンチャー企業が成功してもその市場が小規模なためにそのベンチャー
企業を軽視してしまう。ベンチャー企業は徐々に市場を拡大し、主流市場
にまで手を伸ばし始める。そうなると、大企業も黙って見ているわけには
いかなくなり、その破壊的技術を使って市場に参入しようとする。しかし、
そのときにはすでに手遅れで、徐々に撤退を余儀なくされる。つまり、マー
ケッティングの理論に則って顧客ニーズを重視しながら事業を進めるの
だが、破壊的技術が現れたときには失敗してしまうことがあるということ
である。

　日本では大企業で技術者が提案した破壊的技術が切り捨てられてもその
まま会社に残って仕事を続けることが多く、会社を辞めてベンチャー企業
を作るところまで決断することは少ない。これは日本ではベンチャー企業
の設立がリスキーであるためであるが、米国では自分のアイデアが切り捨
てられると、ベンチャー企業を作るとか、自分のアイデアを支持してくれ
る会社に転職してしまうことは珍しくない。米国では企業社会の人材の流
動性が高く、優秀な人なら転職によってより高給で魅力的な新しい仕事を
見つけることはそれほど難しくはなく、転職は珍しいことではない。その

ために米国の企業では優秀な技術者に対しては常にしっかりした注意と気使いが必要になり、提案されたアイデアを簡単に切り捨てたりはしない。少なくともことばの上でのケアは必要である。

　「イノベーションのジレンマ」は簡単に言えば、「大企業は顧客ニーズを基に開発を行うために、顧客ニーズのない破壊的技術の開発は切捨てられたり、置き去りにされてしまったりする。もたもたしているうちにベンチャー企業が先行し、市場を奪われてしまう」というものである。つまり、大企業が顧客と密にコミュニケーションを取りながら、真面目に企業活動をしていると、破壊的イノベーションに乗り遅れてしまう、あるいは取り組むことが難しくなってしまうということを言っている。真面目に企業活動しているがゆえに破壊的イノベーションが難しいということになり、これがジレンマになるわけである。現有事業でうまく行っているために将来の破壊的技術を疎かにしてしまうのである。

顧客ニーズだけを重視すると破壊的イノベーションに乗り遅れる

　大企業にとって顧客ニーズを聴くことは非常に重要である。すでに自社製品を購入してもらっている顧客に次の製品を購入してもらうためには、顧客ニーズを訊いてそれに合った製品を開発すれば顧客は購入してくれるからであり、これは大企業の重要なミッションであり、宿命である。メーカーの方が、圧倒的に技術力が高い場合にはメーカーの判断で次の製品を開発しても売れるだろうが、他社製品と性能や機能で拮抗しているとき、顧客ニーズを訊かずに次の製品を開発すると、顧客のニーズに合わなくて顧客が競合他社に移ってしまうことがある。したがって、常に顧客とコミュニケーションを図り、顧客ニーズを訊きだし、次の製品開発に役立てていくのである。そして、それによって大企業は顧客を繋ぎとめて利益を上げることができるのである。しかし、これは現在の製品を改良して次の製品を開発していく持続的イノベーションを推進するための活動である。

　クリステンセンもその著書の中で述べていることであるが、大企業は顧

77

77

客に密着して顧客ニーズを訊きながら慎重に事業を展開していくために、ベンチャー企業などから新しい破壊的技術が現れても傍観してしまったり、社内の研究者から提案される技術に対して、顧客ニーズがないとそれを軽視し、切り捨ててしまったりする。ベンチャー企業は当初は小さな市場を切り拓いて力を付けていき、そのうちに主流市場に入り込んで来ることになる。その時は大企業にとってはすでに手遅れになっていて、対応することができず、主流市場が徐々に取られ、あげくのはては市場から撤退に追い込まれてしまう。つまり、大企業は顧客との関係を強くし、顧客のニーズだけをしっかり訊いて事業を行い過ぎていると破壊的技術が現れたときにうまく対応することができず、失敗してしまうことがある。

破壊的イノベーションは経営戦略論では説明できない

経営戦略論やマーケティング理論は古くから研究されてきたが、これらは現状の市場の売り上げ状況の推移や他社状況などを分析して、どのような対応をしたらいいのかを説いているものであるが、破壊的イノベーションは説明できない。破壊的イノベーションに旧来の経営戦略論やマーケティング理論を使うと間違えることがある。これは企業活動をうまく回転させる手法であるマネージメントと新しい課題に取り組むリーダーシップが異なっていることに似ている。ビジネスの状況や対象によって適切な理論を使わなくてはならないが、使い方を間違えると過ちを犯すことになる。

企業の研究所などでは常に新しい技術が提案され、試作される。デモされて、優れた技術と認められれば事業化される。幹部にとって重要なことは提案された技術がしっかり事業に貢献できるかどうかということである。それを手っ取り早く確認する手段は「顧客ニーズ」があるかどうかということになる。

しかし、破壊的技術を提案したとき、顧客ニーズがあるかと訊かれても「わかりません」ということしか言えない場合が多いのではないだろうか。なぜなら破壊的技術は顧客ニーズから生まれたものではなく、技術者のシ

ーズから生まれたものだからである。破壊的技術を考え出して顧客ニーズがあるかどうかを確認しようとしても難しい。研究所から直接顧客にコンタクトするのは難しいので、工場の関係部門の人に訊いても明確な回答は得られないだろう。せいぜい「いい技術ができたら使いますよ」程度の回答が得られるのが関の山である。

　逆に、工場から「その技術は是非欲しい」といわれるような技術は持続的技術か社内で足りていない技術、あるいは明確に性能向上ができる技術である可能性が高い。現状の技術より性能が高いとか新しい機能に価値があり、顧客が求めているものと同じだからである。

　顧客ニーズを得ることは経営戦略論やマーケティング理論では重要なことである。イノベーションのS字曲線の成長期である持続的イノベーションのステージやその成熟期では重要なことであるといえるが、黎明期の破壊的イノベーションのステージでは顧客ニーズは全く役に立たない。つまり、経営戦略論やマーケティング理論は持続的イノベーションの成長期や成熟期をマネージすることはできるが、破壊的イノベーションをマネージしようとしてもうまくできないと言っても過言ではない。

　さて、イノベーションのジレンマに話を戻そう。イノベーションのジレンマの事例も数多くあり、いくつかを解説する。

◇コダックの経営破綻と富士フイルムの多角化の成功

　イーストマン・コダックは1880年にイーストマン氏が写真用乾板の商用生産で開設された会社である。1892年には持ち運びが簡単なカメラ「ブラウニー」を開発し、大衆への写真事業を世界に広めた会社でもある。ロール型のフィルム、カラーフィルム「コダクローム」も世界で初めて商用生産した。1975年にはデジタル・カメラを世界で初めて開発したが、商用生産には至らなかった。デジタル・カメラはソニーやカシオなどの日本のメーカーが商用に成功している。20世紀においては世界最大のフィルム・メーカーで超優良企業であった。

日本市場には富士フイルムがいたが、コダックは日本市場に食い込むために、市場が閉鎖的だとして1990年代に富士フイルムを米国の通商法301条に提訴し、その後、日本政府をWTOに提訴するなど、日本市場では力ずくの経営を行ってきた。

　写真はデジタル化が進展し、写真のフィルム市場は2000年がピークで、その後10年で市場は10分の1に縮小してしまった。コダックは写真のデジタル化では完全に出遅れ、多角化で三洋電機とELディスプレイを開発し、2003年にはその商用出荷を開始したが、経営が悪化したために2009年に韓国のLGにEL事業を売却した。LGがEL事業で当初優位に立っていたのはここで買収したからである。コダックはその後も経営を立て直すことができず、2011年には株価が1ドル以下になり、2012年には経営破綻した。

　一方、富士フイルムはデジタル化を進め、デジタル・カメラ、カラープリンタを商品化しただけでなく、カメラの技術を使った内視鏡や液晶の画面に張られるフィルム、タッチパネル用センサフィルム、ゼロックスとの合弁によって富士ゼロックスを作り、複写機や高速プリンタシステムを生産するなど、多角化に成功し、現在でも優れた画像技術をベースとした会社として事業を行っている。最近では写真の劣化防止技術を使った化粧品事業にも進出している。

　結局、イーストマン・コダックは最初のころは革新的技術を次々と開発し、米国屈指のイノベーション企業であったが、カラーフィルム事業が好調だったために、新しい事業にはあまり進出しようとせず、デジタル化の波に乗り遅れ、そのため多角化にも失敗し、政治力で競合他社を抑え込もうとしたが、最後は経営破綻した。アナログのフィルム事業が好調だったためにデジタル化などの破壊的技術の製品に進出せず、破壊的イノベーションを起こすことなく、破綻してしまったのである。

　一方、富士フイルムはフィルム事業から出発してさまざまな画像関連製品を開発し、画像関連事業の多角化で成功し、今でも優良企業として君臨

している。

　結局、技術革新の激しい業界では持続的イノベーションをしつつ、破壊的イノベーションもしっかり担っていかないといずれ破綻してしまうことがあるということなのであろう。

◇ゼロックスのパロアルト研究所

　ゼロックスはコピーマシンで世界的に有名な会社である。ゼロックスが現れる前のコピーマシンといえば製図などから発達した青焼きであったが、1960 年代にゼロックスがトナーを蒸着する方式でコピーマシン業界を一変させた。ゼロックスの本社はニューヨーク州北部のロチェスターという都市にあった。イーストマン・コダックの本社もロチェスターにあって、イメージング技術の得意な都市だったと言える。そのゼロックスがシリコンバレーのスタンフォード大学の近くに 1970 年にパロアルト研究所 (PARC: Palo Alto Research Center) を作り、次世代のコンピュータ技術、事務処理技術の研究開発を始めた。

　新進気鋭のコンピュータ研究者が続々と PARC に集まり、今のパソコンに使われる基本技術を次々と開発した。画面を画素単位で表示制御できるビットマップディスプレイ、その画面の位置をポイントするマウス、ドキュメントを印刷するときと同じイメージをディスプレイ画面上で見ることのできる WYSWYG (What You See is What You Get)、PC をネットワークで接続する LAN (Local Area Network)、アプリケーションを画面上で形で表すアイコン、などのアイデアや技術はすべてこの PARC で開発された。それもこれらの技術は PARC が設立されて 2, 3 年の間に開発されたのである。凄まじい勢いでの研究開発である。PARC 内部では ALTO というパーソナル・ワークステーションが開発され、画面上でドキュメントを作り、フォルダに蓄え、LAN を使ってドキュメントを送受信できる社内システムを作り上げた。

　これらの技術を使って 1981 年に Star というワークステーションが作ら

れ、ファイルサーバ、プリントサーバと接続してペーパーレスのドキュメント・システムが事業化された。日本でも **J-Star** という製品が販売されている。先進的で洗練されたシステムであったが、当時すでに普及していたワードプロセッサに比べると値段が高かったこと、それに紙を使ったコピー機が主流製品であったゼロックスの本社にはペーパーレス・システムは積極的な支持を得られなかったこともあり、あまり多くは販売されなかった。

　結局、ゼロックスは紙を使ったコピー機の事業で莫大な収益をあげていたために、紙を使わないペーパーレスのオフィス・システムは事業化で失敗してしまったのである。

　イノベーションのジレンマとはいい製品を保有し、顧客といい関係ができていて、事業がうまくいっているために、次の破壊的イノベーションの波にうまく乗れなくて失敗することである。そのために「勝者の驕り」「成功の復讐」とも言われる。

【ポイント】
・　大企業ではベースとなる基本技術が全く異なる破壊的技術が内部から提案されても、顧客ニーズがないと切り捨てられてしまうことがある。その破壊的技術がベンチャー企業などによって開発され、徐々に主流市場に食い込んでくると、大企業もその破壊的技術の市場に参入しようとするが、手遅れとなり、徐々に市場から撤退に追い込まれてしまう。大企業では顧客ニーズを訊いて慎重に事業を展開するために破壊的技術の波に乗れない。これを「イノベーションのジレンマ」という。
・　イノベーションの黎明期である破壊的イノベーションは経営戦略論やマーケティング理論では対応できないが、持続的イノベーションや成熟期の対応については経営戦略論やマーケティング理論で対応でき、顧客ニーズは重要である。

3.2 大企業は破壊的イノベーションが苦手

　一般に成熟した大企業は破壊的イノベーションが日本でも米国でも苦手である。

　シドニー・フィンケルシュタインの著書(14)で名経営者が失敗する局面として、①新事業を始めるとき、②M&A を行うとき、③イノベーションや変化に対応するとき、④競争相手に打ち勝とうとするとき、の 4 つあげている。いずれも企業が大きく変化しようとするときで、成功すれば大きな収益向上に繋がるが、失敗すれば大きな損失に繋がる。イノベーションについてはその波がやってくるとき、あるいは他社がイノベーションになりそうな製品を出してきたときにうまく対応できないということである。大企業では大きな失敗は許されなくて、大きな失敗をすれば経営幹部は責任を取らなくてはならず、退任に追い込まれることもある。そのために大きな変化に対応することに二の足を踏むことになる。

　大企業でも創業者一族が権限を持っているところは創業者一族が長期的な視点で会社の経営を考え、リスクがあっても新事業などを実行することができるので、大きく方向を変えることがある。しかし、サラリーマン経営者だとどうしても短期的に業績を上げることを考えるので大きな変革をすることは特に業績が思わしくないときは難しい。

　ここでは大企業が破壊的イノベーションになかなか手を出せない理由について考えていく。

イノベーションのジレンマは大企業病

　クリステンセンの言っている「イノベーションのジレンマ」は前章でも解説したが、大企業にはすでに多くの顧客がいるために顧客ニーズをしっかり聴いて次の新製品を開発する。そうすれば顧客満足度を高めることが

でき、すでに製品を使ってもらっている顧客に新製品を購入してもらえる確率は高くなる。もし顧客ニーズを軽視すれば、顧客はすぐに競合他社移ってしまう。したがって、この顧客ニーズに沿った新製品の開発は大企業がやらなくてはならない宿命にある。このような顧客ニーズを訊いた開発は持続的イノベーションの開発になる。大企業がどうしても持続的イノベーションの開発に注力してしまうのは致し方ない大企業病なのである。

　顧客は破壊的技術を提案してくれないので、顧客ニーズを重視して顧客ニーズばかり訊いていると破壊的技術の開発にはなかなか手を出すことができない。そのために、ベンチャー企業などが破壊的技術を使った製品を出したとき、まごまごして対応が遅れてしまい、マーケットシェアを大きく減らすことになることがある。

　イノベーション・カンパニーと言われる企業でも売り上げが大きくなると破壊的イノベーションばかりやっているわけにはいかなくなる。主要顧客をいっそう満足させるために既存製品の改良を行い、性能がよくて使いやすくて洗練された製品にしていく持続的イノベーションを行っていかなくてはならない。そのために破壊的技術の開発より持続的イノベーションの方が優先されるようになり、破壊的イノベーションはだんだん置き去りになっていくことがある。このようにして、大企業になると持続的イノベーションが破壊的イノベーションに優先されるようになる。

事業が好調な事業部門は置き換えの破壊的技術には無関心

　大企業はすでに大口の顧客に対して事業を行っている。ある事業でその事業部門と顧客との関係もしっかりしていて、その事業に特に問題がなく、うまく行っている場合、その事業部門にベースとなる基本技術が今までとは異なった全く新しい破壊的技術を持って行ってもなかなか受け入れてはくれない。「事業がうまくいっているのに、なぜ基本技術をかえなくてはならないのか」ということになる。これはクリステンセンの「イノベーションのジレンマ」にも述べられていることであるが、新技術によって今まで

の技術が置き換えられれば、今までの技術が無用になってしまう。そのために今までの技術を担っていた人達は新技術に学ばなくてはならないが、事業が現状うまくいっていればそんなことはしたくないと考え、新技術を受け入れないのである。もし新技術を採用することになると、同じ市場で現有技術と新技術の2つの技術が競い合う共喰い現象が起こり、同じ事業で混乱が起こる。そもそも事業がうまくいっている事業部門に、全く異なった技術を持ち込まれたら「なぜそんな新技術に置き換えないといけないのか」と瞬間的に拒否する担当者も出てくるだろう。事業がうまく行っていて忙しいときに求められてもいない技術の話を聞くのは時間の無駄と考える人もいるかもしれない。

　クリステンセンはこのような共喰いを避けるためには新技術を使った製品は小さくていいから新しい市場を開拓してそこに投入するべきだと説いている。最初からボリュームゾーンを狙うと社内の事業部門の中で共喰いが発生し、現有事業を推進する人たちと新技術による製品を推進する人たちが衝突することになるので、小さな市場やニッチな市場でもいいから新しい市場で成功の実績を作ることが大切であると述べている。

破壊的技術を顧客に提案してみる

　もう一つの破壊的技術を採用させる方法は、破壊的技術の評価を顧客に訊いてみるとよいかもしれない。顧客もわけのわからない破壊的技術には関心を払ってくれないかもしれないが、技術が成熟期にあるとき、顧客が各メーカーにシステムや製品の提案をさせたとき、各社の提案内容が似ていて、価格も似たり寄ったりになってしまうことがある。顧客もどの企業に発注していいのが迷ってしまう。そのようなときに新しい破壊的技術がその顧客にアピールできると顧客はその技術に注目することがある。置き換えの破壊的イノベーションは成熟期に起こり易いのである。顧客がその新技術を差別化技術として優れていると認めれば、顧客がその破壊的技術に飛び付くことがある。

持続的技術の開発の方が予算は獲得し易い

　これは「イノベーションのジレンマ」と同じことであり、クリステンセンも触れているが、破壊的技術を開発するテーマと持続的技術を開発するテーマがあったとき、持続的技術の開発テーマの方が社内の審議会などで通りやすい。顧客ニーズに沿っていること、完成すれば顧客に購入してもらえる確率が高く、事業に貢献できるということが理由である。そのために確実で安全なビジネスを望むマネージャは持続的技術の開発テーマを提案することになる。また、マネージャの最も重要な仕事の一つは予算を集めることである。予算を集めることができなければ、部下を放出しなければならなくなり、十分な研究もできないことになる。そのために予算を集めやすいテーマを提案するということにもなるのである。

マネージメントの得意な人が評価される

　リーダーシップとマネージメントは異なる。リーダーシップは企業の中で問題が起こったときの対応とか、新事業を行うとか、新技術の開発を行う場合に必要な能力で、さまざまなアイデアの中から適切な目標を定め、その目標を達成するために大局的な手法を決め、障害を排除しながら部下と共に行動し、そして目標を達成するように導くことである。マネージメントとは決められた目標を達成するために具体的な計画を作り、組織を整え、フォローしてしっかりその目標を達成することである。あるいは日々のルーチンワークを改善し、問題が発生することなく途切れずに企業活動を回し続けるようにすることである。

　企業のマネージャはリーダーシップとマネージメントの両方を求められるが、上位のマネージャほどリーダーシップが求められていく。研究開発や企画などのマネージャ以外のラインやスタッフのマネージャは日々の仕事の多くがルーチンワークであり、ルーチンワークをしっかり行うマネージメントの仕事の方が圧倒的に多い。しかし、何か新しいことをするとき、例えば、全く新しい製品を開発するときとか、新製品の生産設備を導入す

るとき、災害などの大きな問題が起こってその対応を迫られるときにはリーダーシップが求められる。

　企業の中でマネージャはリーダーシップとマネージメントの両方が求められるが、リーダーシップとマネージメントに長けた人ではどちらが評価されるかというとマネージメントに長けた人のように思われる。その理由の一つは、企業の中でマネージメントの仕事の方がリーダーシップの仕事より圧倒的に時間が長いし、日々の成果はマネージメントの成果の方が多いからである。

　また、新たな目標を決めるリーダーの方がリスクを背負うことに喜びを感じ、タフな人が多い。そして比較的強い個性を持っていて自己主張が強い人が多いようである。そのために人事部門や上司から勝手なことをやっていると異色扱いされたりする。また、リーダーは自分で意志決定することを好み、上司への報告や相談がおろそかになったりして、上司が快く思わないことがあるために嫌われたりすることがある。上司の中にはどんどん前に進む部下を頼もしく思う人もいるだろうが、そのような上司は自分自身もリーダー的な性格なので同じようにやってきた人であることが多い。しかし、上司の中には部下が勝手なことを始めると嫌ったりする人が多いようである。

　一方、マネージメントに長けた人はリスクをできるだけ排除し、リスクを背負おうとはしないので、チャレンジングなことはあまりしないが、堅実である。リスクがある仕事をするはめになった場合には調整をしっかりしてするし、上司に問題視されるようなことは極力避ける。また、上司に言われたことはしっかり仕上げ、特に東アジアの社会で多いのだが、時には上司に言われたことをより大きい範囲で実行し、振り子を2倍、3倍に振って上司に気に入られる。このようにしてしっかり仕事を仕上げ、上司や人事部門からいい評価をもらうのである。

　このように大企業ではマネージメントに長けた人が評価されるわけだが、そのような人はリスキーなことをするのは嫌うので、破壊的技術の開発を

自らの意志で始めるようなことはしない。組織の中で上から指示されて、マネージメントに長けた人がそのようなリスキーなことをしなければならなくなると、徹底的に検証してリスクを排除しようとする。そのために膨大な時間を使って検討が進められ、リスキーな部分が少しずつ削がれていって特徴の小さいものになってしまうことがある。そのようなことが繰り返されると組織全体がなかなか新しいことをしなくなる。

破壊的技術だけを狙う部署は潰される

　企業の研究所で破壊的技術だけを担当していると研究開発の製品化率が落ちる。ときには大きな事業化貢献ができることもあるが、平均化すると低くなるが、これは仕方ない。時には基礎研究と称して事業とはほど遠い研究をしてしまうこともあり、論文発表で満足してしまう人もいる。ベンチャー企業でも成功するのは数％と言われていて、企業の中で同じことをしても似たような結果になる。

　事業部門の工場では1円でもコストを削減しながら製品開発している。そんな事業部門の技術者や管理者が、研究所で湯水のようにお金を使いながら製品化できるかどうかわからないような技術を新しい技術だと称して開発している研究者、技術者の姿を見ると遊んでいるように見えるかもしれない。そんなことになると、事業部門の人たちが研究所に対して「事業にもっと役に立つ技術を開発してほしい」とか「事業部門のロードマップに合わせて研究開発してほしい」「研究所でやっている基礎研究も事業部門に説明してほしい」などということを言い始める。そうすると研究所オリジナルの破壊的技術の開発はやり難くなり、持続的技術の開発が重視されるようになってしまう。持続的技術の開発だけを研究所がやるようになると、事業部門の人たちは自分たちの経営方針に則って研究所が動いていることになるので無駄がなくて効率的だし、研究所に対する不満が消えるかもしれないが、事業部門では気が付かない破壊的技術の開発を完全に置き去りにしてしまうことになる。

かつては多くの電機メーカーなどには中央研究所というのがあって、基礎研究と称してシーズ・オリエンティッドな新しい技術、独創的な技術の開発を担当していた。他に技術や事業の名前が付いた研究所があって、そこではニーズ・オリエンティッドな製品技術である持続的技術の開発をしていた。このように破壊的技術の開発である基礎研究を担当する研究所（以下、基礎研究所と称す）と持続的技術の開発である製品技術の開発を担当する研究所（以下、製品技術研究所と称す）を分けていたことがあった。基礎研究所と製品技術研究所を事業部門から見ると間違いなく製品技術研究所の方が頼りになる。事業部門と製品技術研究所は日頃からコミュニケーションを取って、ロードマップを共有し、製品技術研究所は次の製品の技術開発を先んじてやってくれるからである。基礎研究所はときどき素晴らしい新技術を開発してくれるが、その頻度は低いし、事業の役に立つかどうかわからないこともやっている。そのようなわけで事業部門からは製品技術研究所の方が頼りになる。そのようなことが続き、20〜30年前に一部の企業を除いて中央研究所は姿を消してしまい、基礎技術研究と製品技術開発を同じ組織で行うようになった。筆者は一つの組織が基礎技術研究と製品技術開発の両方を行うことは日本的かもしれないが、優れた手法だと思う。製品技術開発で事業に貢献しながらその陰に隠れてシーズ・オリエンティッドな基礎研究が行うことができるからである。日頃から事業部門とコミュニケーションを取りながら活動しているので、いい技術が出来上れば即座に事業部門に提案して事業化に繋げることもできる。もし基礎研究しかやっていなければ、いい成果が出たときにそれを活用する事業を探し、人間関係、信頼関係を構築することころから始めなくてはならないので、時間がかかるし、煩わしいことをたくさんしなくてはならない。また、そのような部署は潰されてもとりあえず事業への影響はないので景気が悪くなったりすると縮小、配置転換の対象になり易い。

　企業においてマネージメント手法が発達してくると、日本企業が得意のムダ取り活動が研究所にも及ぶようになる。直接的な事業への貢献だけが

正しいという価値観が強く浸透してきて、研究所の活動にムダが発生しないようなマネージメントが強くなり、研究所のマネージメントもルーチンワーク化が進んでくる。そうすると、予算の使い方が厳しく管理されるようになり、何をするにしても説明責任が求められるようになる。緊張感が張り詰めた組織になって、組織スラック（組織の緩み、自由度）がなくなり、自由に新鮮な発想で研究開発するという環境がなくなってくる。こうして研究所といえども持続的技術の開発が高く評価される組織になってしまい、新しいコア技術の開発がだんだん疎かになっていき、破壊的技術が生まれ難くなってくる。

　会社にはアクセルを踏む部署とブレーキを掛ける部署がある。アクセルを踏む部署は、研究所などの新しい技術や製品を開発する部署、新事業を立案する部署や他社との連携、M&A などを進める部署である。ブレーキを掛けるのはリスクを排除して行き過ぎに歯止めをかける部署であり、財務／経理部門、輸出入管理部門、法務／人事部門、コンプライアンス関連部門である。アクセルを踏む部署が強すぎると会社の変化が大きく面白く、大きく成長するかもしれないが、暴走してしまうことがあり、時には歯止めがかからなくなって会社を危機に陥れたりすることがある。逆にブレーキを掛ける部署が強すぎると堅実ではあるが、会社の中で新しいことをしなくなって変化がなく、仕事の面白みが少なくなってしまうことがある。人員削減や予算削減もブレーキを掛ける部門が中心になって行われる。新しいことに対してこれら 2 つの部署がうまくバランスして経営が行われなくてはならない。景気がよくなってきて、新技術開発や新事業開拓をしようとするときは若干アクセルを強めに踏まないと行けない。景気が悪くなって出費を減らそうとするとブレーキを強めに踏むことになる。企業の中でのアクセルとブレーキは、アクセルを踏むよりブレーキを掛ける方がやさしい。新事業開拓をしようとすると当然リスクがあるし、収益化できるように事業を組み立てていかなくてはならない。それに対してブレーキを

かけるのはリスクや問題点を見つけ出してそこを突けばいいからである。

破壊的技術の経済的価値を事前に評価することは困難

　大企業では新規案件はしっかり審議して、決められたプロセスを踏んで実行に移される。破壊的技術の開発も当然ながら審議されるが、審議される内容の中心はその経済的価値とリスクである。今までの技術と全く違う破壊的技術の経済的価値を評価するのは難しい。その技術で顧客は満足してくれるのか、顧客が満足してくれるとしてどのくらいの値段で売ったらいいのか、利益はどのくらいになるのか、そのようなことを事前に評価することは非常に難しい。顧客に聞いても見てもいないものに対して「それはいいから使う」とはなかなか言ってくれない。「いいものができたら使ってもいい」と言ってもらうのが関の山である。

　一方で、リスクは比較的簡単に見つかる。優秀な上司は容易に技術的な問題点を見つけるが、一番手っ取り早いのが「顧客はそれを買ってくれるのか」という質問である。経営戦略論でWTP（Willingness To Pay）ということばあるが、まさにそれである。WTPがいくらかを見つけ出し、その価格に近い価格で販売することが重要である。材料費や労務費の積み上げで価格を決めていたのでは十分な利益を得ることはできない。今までなかった新しい破壊的技術は一般にこの質問に簡単には答えられない。論理だけで破壊的技術を審議しようとすると、行き詰ってしまう。そうこうしているとなかなか審議が通らず、時間ばかりが過ぎてしまうことになる。しかし、なかなか審議は通らないのであきらめるというのではなく、いろいろな情報を集めて事業化へのシナリオを作り、プレゼンテーションをするべきである。

　ときどき登場するのが「目利き」と言われる人である。長年の経験を基に新しい技術のアイデアがいいか悪いか、やるべきかやるべきでないかをいい言える人に登場してもらうことになる。しかし、論理的に高い確率でそのような判断のできる人が多くいるとは思えない。結局、破壊的技術の

開発が好きな人は新技術の開発に積極的だが、堅実でリスクを嫌う人は新技術の開発に消極的になる。その人の興味や価値観によって判断されると思われる。

【ポイント】
・ 「イノベーションのジレンマ」は大企業ではすでに大きな顧客を抱えているために起こる大企業病である。イノベーション・カンパニーも大企業になると持続的技術の開発が中心になり、「イノベーションのジレンマ」が起こるようになる。
・ 事業が好調な事業部門は置き換えの新技術には無関心であることが多い。事業が好調なために、わざわざベースとなる基本技術を変えるような新技術を採用することはリスキーであると考えるからである。
・ クリステンセンは現有製品と新製品で現有市場を獲得し合う共喰いを避けるために、新技術を使った製品は小さくていいから新しい市場に投入することを考えるべきであると言っている。
・ 顧客ニーズから破壊的技術のアイデアを得ることは困難であるが、成熟期にあって顧客にメーカーからの提案が似たり寄ったりのときには、新技術の評価を顧客に訊いてみるのもよい。顧客が差別化技術を求めているときには採用される可能性がある。
・ 大企業での研究開発においては持続的技術の開発を提案した方が通りやすい。これは目標が明確で、顧客ニーズにも合致しており、達成すれば事業に貢献できる確率が高いからである。
・ 破壊的技術の開発にはリーダーシップが必要であるが、企業の中ではリーダーシップよりマネージメントに長けた人が評価される。これは日々の仕事では圧倒的にマネージメントに費やされる時間が多いし、マネージメントに長けた人はリスクを徹底的に排除し、確実で安全な運営をするからである。
・ 破壊的技術の開発を行うために破壊的技術だけを担当するような部署

を作ると、企業の業績が悪化したときなどに、潰されやすい。これは
とりあえず、その部門はなくても企業は活動できるからである。一つ
の組織で、事業への貢献と基礎研究の両方ができるような仕組みを作
るのが優れていると思われる。

- マネージメントを厳しくし、予算の使い方を厳しくチェックすると、
  組織スラックがなくなり、自由な発想での研究開発できなくなる。
- 破壊的技術の開発に着手するかどうかを決めるとき、その経済的価値
  を評価するのは難しい。それは確実に利益の出せる製品にすることが
  できるとはなかなか言い切れないからである。

第4章 イノベーションの推進

　破壊的イノベーションと持続的イノベーションについてその種類や特性について述べてきた。持続的イノベーションは大企業では多くのリソースが投入されて行われているし、行われないと他社にマーケットシェアが取られてしまうので、大企業が持続的イノベーションを行うのは大企業の宿命であるが、破壊的イノベーションの推進は難しい。破壊的イノベーションの波がやってきたときにうまくそれに乗らないと生き残れないことがあるが、大企業が先頭に立って破壊的イノベーションを推進することは難しい。ここではその実現が難しい破壊的イノベーションの推進の仕方について議論していく。

4.1 破壊的イノベーションの推進

　破壊的イノベーションは一体だれがやるのかという議論がある。大きく分けると、ベンチャー企業なのか、あるいは既存の大企業がやるのかという議論になるが、ここでは米国と日本の実態を比較しながら述べていく。

米国のベンチャー投資額は圧倒的に巨額であり、米国はベンチャー大国である。つまり、米国ではベンチャー企業に巨額の投資がなされ、ベンチャー企業主導によるイノベーションがなされている。

　日本のベンチャー投資額は米国に比べると非常に少ない。米国とは比較にならないほどの差がある。日本発のイノベーションも過去にいろいろあったが、ベンチャー主導ではなく、主に大企業主導であったと言える。

　中国のベンチャー投資額も多い。しかし、中国は巨大な自国マーケットを背景に先進国、特に米国のビジネスを模倣して自前のビジネスを自国で展開しているものが多いように思われる。まだグローバルに破壊的イノベーションになるような独自の製品を創出して海外に打って出るような状況とは言えない。ただし、巨大な自国マーケットを背景に産業が発展しており、将来、中国がイノベーション大国になる可能性はある。

　欧州のベンチャー投資額は日本よりは多いが、米国や中国ほど活発ではなく、成熟した企業社会のようである。

　詳しくはベンチャーエンタープライズセンター出版の「ベンチャー白書2019」[31]を見ていただくとよい。

4.1.1 米国の破壊的イノベーション

　米国は世界で最もイノベーティブな国であると言える。起業家精神が旺盛で、それを支えるベンチャー投資額は巨額である。多くの人たちがチャンスだと思えば起業してきた。たとえ失敗しても能力と経験があれば次の仕事は比較的容易に見つかる。ベンチャー企業の起業によって今まで新製品、新サービス、新ビジネスなどの製品イノベーションで数々の優れた成果を上げてきたし、これからも多くのイノベーションを生み出していくものと思われる。

　米国の大企業は以前から四半期毎の決算が株主に対して発表され、その

収益によって経営者が評価されてきた。そのために長期的な観点での経営よりも短期的な経営が重視されていると言われ、何年もかかる長期の研究開発は社内ではあまり行われず、大学の研究室やベンチャー企業に依存していると言われている。長期的な研究開発を行うために、大企業は有名な大学との繋がりを深め、そのために大学に多額の投資を行ってきた。著名な大学の研究所や研究室には企業からのコンタクトも多く、多額の研究のための寄付金が集められている。また、大企業の潤沢な資金はベンチャー企業にも投資されている。

米国には巨額の VC 投資がある

　米国の VC による投資は巨額である[31]。この VC の約半分が大企業のCVC（Corporate Venture Capital）による投資とのことである。米国ではIT 企業などを中心に大企業では社内に CVC という組織を持ち、大企業がベンチャー投資を積極的に行う仕組みができている。CVC では巨額の投資資金を保有し、優れた技術をもったベンチャー企業に投資する。開発が進み、技術が優れているということがだんだんわかってくると、開発のための投資を増やし、株式の保有率を上げる。そしてその技術が本当に使える状態になると買収してしまい、自社に取り込んでしまう。このようにして米国では企業によっては 1 社で年間、数十社を買収する企業もある。先に述べたように四半期毎にその経営数値が問われる大企業は自分たちが破壊的技術の開発とその事業化を行うことは難しいことを知っており、このような CVC の仕組みを使って破壊的イノベーションを推進しようとしているように見える。

　ベンチャー企業は VC からの支援を受け、自立を保ち、IPO（Initial Public Offering: 新規公開株、新規上場株式）にこぎつけることができれば、大成功を収めることになるが、大企業から高額で買収されることもベンチャー企業としては立派な成功である。ベンチャー企業に勤める経営者や技術者、営業マンはストック・オプションで自社株を保有していること

が多く、大企業から高額で買収されれば、株式を売却して多額の利益を受け取ることができるからである。

米国にはベンチャー企業のネットワークとコミュニティがある

　米国ではベンチャー企業への投資額が大きく、ベンチャー企業を支える社会基盤となるネットワークとコミュニティができている。たとえば、大企業の技術者が社内で新技術を開発し、上司に事業化することを進言したとする。検討した結果、その技術はその企業では事業化されないということになったとする。しかし、外部に使いたいと思っている企業があるとか、開発した技術者は必ず事業化すれば使ってもらえると信じ込んでいると、弁護士のところに行って会社設立の相談をすることになる。米国にはベンチャー企業の設立を得意とする弁護士がいて、会社設立の手続きをするだけでなく、その技術に興味を持ちそうな投資家を知っていれば、その投資家を紹介してくれる。紹介された投資家がその技術に興味を持てば、投資もしてくれることになる。場合によっては3年間とか5年間とかの長期に亘って開発資金を保証してくれることもある。起業した人はそれによって安心して開発に専念できるわけである。もちろん、直接VCや大企業のCVCに乗り込んでいき、投資を促すこともできる。

　このようにベンチャー専門の弁護士を中心にベンチャー企業のネットワークとコミュニティができていて、優れた技術やアイデアを持っているベンチャー企業なら関係する人たちとネットワークができ、さまざまな面から支援してくれる。

米国は人材の流動性が高い

　ベンチャー企業がIPOや大企業からの買収などで成功する確率は低い。起業しても何年も自転車操業が続くとか、事業に失敗して解散に追い込まれることが多い。しかし、米国では人材の流動性は高く、仮に起業に失敗してもその技術者を受け入れてくれる会社は多く、しっかりした技術と実

績があれば次の仕事を見つけることは比較的容易である。

　米国の大企業のホームページで採用の欄を見ると専門職から管理職、副社長まで外部から採用しようとしているのがわかる。副社長と言っても米国の大企業では何十人もいたりするので日本の大企業の部長程度の場合もあるが、米国では常に大企業から多くのポジションの募集があるので、失敗したって何とかなりそうだと考えても不思議ではない。そのような考えが支えになって、優れたアイデアを持った能力と気概のある若者は一発勝負してみようという気持ちになり、行動を起こしてみることはそれほど大きなリスクとは感じないのではないだろうか。ただ、管理職や経営層は中途採用に限らないが、解雇される可能性があることとセットであるということを認識しておく必要がある。米国では高給で高い地位に外部から雇ってみたけど期待したように仕事ができないときには能力がなかったということで即刻解雇できる。このような解雇できるシステムがないと、管理職や経営層を中途で採用することはできないだろう。

　いろいろ述べたが、米国では起業の精神が強いし、ベンチャー企業を設立して支援する環境が整っている。そして、成功すれば巨万の富が得られるし、実際に多くの成功事例があって、やる気のある若者たちを起業に駆り立てるのである。また、米国は人材の流動性が高く、失敗しても能力と経験があれば、次の仕事は容易に見つかる。この失敗しても救済される仕組みができていることが、若者たちを起業に走り易くしているように思われる。

【ポイント】
・　米国ではベンチャー企業が中心になって破壊的イノベーションの創出を担っている。独立系の VC と大企業の中の CVC が中心となってベンチャー企業を支えている。
・　米国では大企業の CVC はベンチャー投資の半分を担い、大企業の破壊

的技術開発を補完している。

- ・米国ではベンチャー企業のネットワークとコミュニティができていて、投資家や他のベンチャー企業と繋がり易い。
- ・米国では人材の流動性が高く、起業で失敗しても、能力と実績があれば、次の仕事を見つけ易い。大企業も管理職や経営層のポジションを募集していて、ベンチャー企業の失敗に対する救済の仕組みができていて、起業をし易くしている。ただし、大企業の管理職や経営層の中途採用は期待にそぐわない場合に解雇できることとセットである。

4.1.2　日本の破壊的イノベーション

　日本発で世界に普及した破壊的イノベーションと言える製品は過去にも多くある。しかし、近年の破壊的イノベーションと言えるようなものの多くは日本の大企業が製品化したものであり、特定の事業のためにベンチャー企業が作られ、事業として大成功した事例は少ない。コンピュータ事業では政府の主導もあって米国の企業に対抗できるいくつかの大企業が成長したが、最近の米国を代表する IT 企業である GAFAM（Google, Apple, Facebook, Amazon, Microsoft）に対抗できる日本企業は小さいし、少ないと言っても過言ではないだろう。

日本はベンチャー企業を育てる文化が乏しい

　日本のベンチャー投資額は米国や中国に比べると極めて少ないことは本章の最初に述べた[31]。日本の国内で、ベンチャー企業投資で大成功し、巨万の富を得たという話もあまり聞かない。もちろん、日本にも頑張っているベンチャー企業がないというわけではないが、なかなか巨大企業にはならないように見える。結局、ベンチャー企業に投資して育てる環境、文化、ノウハウがまだ乏しいということだろう。

そもそも起業してみたいと思う若い人が少ない。これは起業というのはリスキーであるという意識が強いからだろう。日本の社会では起業して失敗すると再起不能になるというイメージがある。銀行からの借り入れには一般的には個人保証が必要で、失敗すると家も取られ、個人破産に追い込まれるという話をよく聞く。VC からの資金調達なら出資であり、失敗しても VC が損をするので個人破産には至らないが、VC からの投資額は極めて少ないというのが日本の現状である。そのために、若い人たちはまだまだ大企業志向である。

　筆者は大学で長年、非常勤講師として、イノベーションの講義をしていたことがあるが、講義の中で学生たちに就職するときにベンチャー企業と大企業のどちらを選択するかという質問をすると、学生たちは圧倒的に大企業に就職することを希望する。たぶん、他の主要大学で学生に聴いても同じであろう。「ベンチャー企業ではなかなか成功しないし、大企業の方が安定しているので安心である」というのが理由である。きっと学生の親御さんも子供が大企業に就職することを望んでいることだろう。それにベンチャー企業は日本社会の中でまだまだ少数派であり、ベンチャー企業に就職して失敗したときにうまく救済されるかどうか、新しい仕事を容易に見つけ出すことができて、再出発することができるのかという不安があるというのも理由であろう。

大企業を安住の地と考える人が多い

　日本では大企業に勤めていると社会から信用され、時には能力が高いとさえ判断されることもある。個人の信用や能力が会社の名前で判断されてしまうのである。大企業では、年功序列は崩れつつあるが、終身雇用である。ちゃんと仕事をしていれば、解雇されることはまずない。仕事が合わなければ、他の部署に行くことも可能である。高望みをせず、うまく人間関係を維持していれば、居心地もいい。

日本の会社にはプロパーとキャリア採用ということばがある。プロパーとは生え抜きの社員のことで、キャリア採用は中途採用の社員のことである。区別することばがあること自体が筆者は気にかかる。プロパーの方が会社に対する忠誠心が高いし、能力も高いと判断されているのだろうか、あるいはキャリア採用は前の会社でうまくやれなかったと判断されているのだろうか、などと考えてしまう。

　大企業のホームページを見ると最近ではキャリア採用の欄があるが、多くは特定の技術や経理、営業などの専門職の採用を行っている。管理職のキャリア採用は非常に少なく、経営層が直接公募で雇用されることはほとんどないと考えてよい。管理職はその企業の中で専門職としてある程度、実績を残した人がなれるポジションであり、さらにその中でも優れた業績を残した人が経営層になるという認識のようである。報酬の高いポジションで外部から人を入れて失敗すると日本の企業社会では簡単に解雇できないという事情もあるのかもしれない。管理職や経営層の中途採用と解雇ができることはセットでないとうまくいかないのだろう。そのようなわけで、年齢が上がるとキャリア採用は難しくなり、新しい仕事を見つけるのは困難となり、人材の流動性はいっそう低くなる。

　日本の企業社会では大企業にいた方が、居心地がいい安住の地になり、年齢を重ねる毎に人材の流動性は小さくなり、定年までいるのが多数派になるのである。

大学や研究機関からの起業が少ない

　日本の有名大学は国立が多いし、大規模な国立の研究所もいくつかある。国立だと税金で運営されているという意識が強いせいか、そこで創出した成果を使って自ら事業化して利益をあげようとする行為はいいのかいけないのか、あるいは支援してもらえるのかどうか、よくわからない。国立大学や国立の研究所がその成果を企業にライセンスすることは制度ができているので、その制度に従ってやれば問題ないようであるが、スピンアウト

してベンチャー企業を設立するとなるとそのためのしっかりしたルールが必要である。

　戦前の1921年から1946年まで大河内正敏が長期に亘って国立の理化学研究所の所長を務めていたが、その間に 63 社もの企業を作った話は有名である。年に 2、3 社を作った計算になる。今でも残る企業として（株）リコー、（株）リケン、理研ビタミン（株）、理研計器（株）、協和発酵（株）などがある。どのようなルールで企業を作ったのかはよくわからないが、やってやれないことはなさそうである。起業を促すインキュベーションのルールや組織を作って制度化して推進すればできそうな気もする。

日本では大企業が破壊的イノベーションを推進

　日本の破壊的イノベーションは一体だれがやるのかという議論がある。大きく分けると、ベンチャー企業なのか、大企業なのかという議論になる。米国はベンチャー企業が中心に推進している。米国の大企業は自社の内部では破壊的技術が生まれ難いのを知っているので、CVC を作ってベンチャー企業を支援し、うまくいけば買収する活動を行っているのだから間違いないだろう。

　日本にもベンチャー企業を支援するような企業や団体があるが、投資額は小さいし、ここに行って相談してみればなんとかなりそうだという感じではなさそうである。優れたアイデアがあれば、ベンチャー企業を作って支援してもらえるようなシステムを作ってベンチャー企業が活躍できるようなビジネス環境が必要であるが、投資額が小さいこともあり、ベンチャー企業が大きな実績を作ったという話は少ない。現実は米国に比べるとずいぶん遅れているように見える。

　日本の過去の破壊的イノベーションはどのように実現されたかを振り返ってみるとどうだろう。過去に日本の企業が開発した製品で世界の市場を席捲したものも数多くある。ソニーのトランジスタ・ラジオ、ビクターのVHS 方式の家庭用 VTR (Video Tape Recorder)、ソニーのウォークマン、

ホンダの CVCC エンジン、トヨタ自動車のハイブリッドエンジン、東レ、帝人、三菱ケミカルが生産している炭素繊維、白亜化学や豊田合成による青色 LED、シャープの液晶テレビ、旭化成やソニーのリチウムイオン電池など数多くある。炭素繊維については大阪工業試験場での研究が貢献しているし、豊田合成の青色 LED については名古屋大学教授でノーベル賞を受賞した赤崎勇、天野浩の研究が大きく貢献している。このように大学や公的研究機関の研究も絡んでいるものもあるが、近年の日本の破壊的イノベーションは事業化については大企業が担ってきたと言えるだろう。大学や公的研究機関、あるいは企業からスピンアウトして、特定のビジネスを行うことを目的にベンチャー企業を作り、巨大な企業に成長した例は近年では少ない。明治、大正、昭和の初期や戦後間もない動乱期には日本でもベンチャー企業がたくさん生まれ、社会の成長しようとする活力によって巨大な企業に成長したが、現代のような企業社会の成熟期ではベンチャー企業が巨大企業になった例は少ない。

　上記の例からもわかるように近年の日本の破壊的イノベーションは大企業が担ってきたようである。日本のベンチャー投資額が米国に比べると極端に少ないし、米国並みのベンチャー企業と投資会社のコミュニティを短期間に作れるかどうかいうことを考えると、日本の破壊的イノベーションは大企業が担うという戦略を考えるべきではないだろうか。

　大企業の経営層の人たちはどうしても今やっている事業が気になる。今やっている事業のマーケットシェアを維持あるいは拡大し、利益を増やすにはどうしたらいいかということを考える。これらはもちろん経営にとって最も重要なことであるが、成熟した市場で今の事業を拡大させることは困難である。このような状況下で大企業が事業を拡大させるにはグローバルな視点で新市場を探すか、新しい技術を使った新製品や新しい事業をどうやってやるのかということを考えるべきであろう。新技術や新事業についてはリスキーなのでいつまでも他社動向などの様子を見て判断すればいいと考えていると二番煎じになり、破壊的イノベーションの成功によって

もたらされる大きな果実を自分たちのものにすることはできない。先行参入するためには企業の経営層がイノベーションを先導し、持続的イノベーションだけでなく、破壊的イノベーションへ投資することを考えることが必要になる。そのためには、破壊的イノベーションを推進するための人の育成と組織作りが必要である。

【ポイント】
・ 日本にはベンチャー企業を育てる文化が乏しい。起業はリスキーで、就職する場合にも大企業の方がベンチャー企業より安定しているので安心であるという考え方が強い。
・ その結果、新卒で大企業に就職し、終身雇用で定年まで勤める人が多い。
・ 日本の大企業は専門職のキャリア採用は行うが、管理職や経営層のキャリア採用は消極的である。期待に沿えなかったときに簡単に解雇できないということがその理由なのかもしれない。
・ 日本の国立研究所や国立大学からの起業が少ない。これはこれらの組織が税金で運営されているからという意識が強いからかもしれないが、起業をインキュベーションする仕組みを作る必要がある。
・ 日本で破壊的イノベーションを推進するためには、ベンチャー企業を支援する仕組みを作ることも重要であるが、ベンチャー投資額が小さ過ぎる。歴史的に見ると日本では大企業が破壊的イノベーションを担ってきており、大企業で破壊的イノベーションを行おうとする意識を高めることが重要であり、そのための意識改革や仕組み作りが求められる。

4.1.3 大企業で破壊的イノベーションを推進するには

前項で、日本においては破壊的イノベーションを推進するのはベンチャ

一企業では難しく、大企業に期待することを述べた。その大きな理由をまとめてみると次のようになる。

・ 日本ではベンチャー投資額が少なく、ベンチャー企業のネットワークやコミュニティも小さく、ベンチャーを育てる仕組みができていない。文化的にも起業することは大多数の若者の憧れにはなっていない。

・ 日本では銀行からの借り入れが多くて失敗すると、個人の破産に繋がることがあり、リスキーである。ベンチャー投資なら失敗しても返済する必要はないのでリスクは小さい。

・ 起業して失敗したときに救済される仕組みができていない。特に管理職や経営層は失敗すると次の仕事を見つけるのは難しい。

・ 近年の日本の企業が開発した製品で世界の市場を席捲した破壊的イノベーションは大企業が担ってきたものが多い。

　このようなわけで、日本には起業が華やかな時代がそう簡単に訪れるとは思われない。そして、日本では破壊的イノベーションを起こすには大企業が担う方が過去の事例から見ても現実的な感じがする。では、そのためにはどんな施策が必要なのかということについて考えてみる。

経営層がイノベーションを推進することを示す

　大企業がイノベーションを推進するためには、経営層が、自社がイノベーション企業であり、新製品、新事業を創出し続けることが経営方針であるということを社員に向かって示す必要がある。大企業の場合には事業部門単位でそのトップがイノベーションを推進することを宣言するということでもよい。できれば、イノベーションのための組織を作り、相応の予算を割り当てればわかり易い。多くの経営トップがイノベーションは重要であるとか、自社がイノベーション企業にならなくてはならないとは言うが、破壊的イノベーションを創出するための具体的な施策を持ち、そのための組織を作って予算を確保して行動する企業は少ない。大企業の幹部になるような人は持続的イノベーションで成果を挙げた人が多い。先人から引き

継いだ事業を発展させ、売上げや利益を増やすことに貢献した人たちである。したがって、そのような持続的イノベーションはしっかりやろうとする。これは現状の事業をしっかり分析して、現状の製品を改良して他社より優れた製品にして事業を拡大していくことに長けた人たちである。大企業は今まで述べてきたようにこのような持続的イノベーションを行う機会は多く、それをしっかり行わないと生きていけない。ただ、持続的イノベーションでは競合他社が多くいて、過当競争に陥り、利益率を高くすることが困難なことが多い。

　事業の分析が困難な破壊的イノベーションについては、成功するかどうかわからないというリスクがあるし、どこから手をつけていいかわからない、失敗したら自分が責任を取らなければいけない、などと考えてあまりやらない方がいいと考える人たちもいるだろう。サラリーマン経営者の場合、自分の在任中はそれなりの経営成果を出せばいいと考えると、時間のかかる破壊的イノベーションなどに手を出さない方がいいと考えるかもしれないし、成功するかどうかわからないリスキーなことはしない方がいいと考える人もいるかもしれない。そんなことを考えていたのでは破壊的イノベーションを実現することはできない。会社のことを長期的な視点で考え、破壊的イノベーションに手を出し、先行参入企業として業界をリードすることができれば、高いマーケットシェアを維持し、利益率も高めることができる。それにはまず経営層が「自社はイノベーションを推進する」ということを社員に向かって表明し、組織を作って予算が確保する必要がある。

創業者は自らイノベーションを推進する

　経営トップが創業者あるいは創業一族の場合には、株式を相当分保有しているので、長期的な視点で企業経営を考え、破壊的なイノベータになることがある。米国の GAFAM と呼ばれる企業は全て新しい企業で、創業者がそれぞれの企業を巨大企業に育てた。グーグルのラリー・ペイジとセル

ゲイ・ブリン、アップルのスティーブ・ジョブズ、フェースブックのマーク・ザッカーバーグ、アマゾンのジェフ・ベゾス、マイクロソフトのビル・ゲイツらの創業者がそれぞれの企業を巨大にした。他にもテスラモーターズとスペースXを立ち上げたイーロン・マスク、オラクルのラリー・エリソン、デルのマイケル・デルなど、米国にはたくさんの創業者でイノベータがいる。日本にもトヨタの豊田佐吉、喜一郎、ホンダの本田宗一郎、パナソニックの松下幸之助などの巨大企業を育てた企業家がおり、現代でもユニクロの柳井正、ソフトバンクの孫正義、クロネコヤマトの小倉昌男、楽天の三木谷浩史、日本電産の永守重信らがいるが、米国に比べると少ないし、事業の規模が小さい。彼らがなぜ新しい事業を次から次へとできるかというと、創業者は創業時に破壊的イノベーションで一度成功したという経験があるし、長期的な企業経営を考えるからであろう。もちろん、会社の経営者でもあり、会社の所有者でもあるのでその権限は絶大であって創業者の考えをスピーディに実行に移すことができるということも理由であるが、一度成功すれば、二度目はその経験を活かすことができ、恐怖心も減少していて迷うこともないだろう。創業者がイノベータの場合には創業者に引っ張られて次の破壊的イノベーションを起こしやすいと考えられる。

破壊的技術の開発をする仕組みを作る

　大企業の研究所では新しい技術の開発や現状の技術の改良が行われる。大企業で破壊的技術が生まれるとしたら研究所である。前出のクリステンセンの著書(5)にも記載されているが、技術開発は中堅の技術者やボトムの管理者によって提案書が作成され、研究所の幹部の承認によってプロジェクトがスタートする。提案書の作成者は幹部が事業への貢献を重視していることを知っているので、事業部門と事前に打ち合わせをし、現状の技術の改良開発か、次の製品に顧客から求められる技術の開発を提案しがちである。そのような提案は事業に貢献することができるので、幹部もそのよ

うな提案を承認し、予算を認可し易い。幹部が事業への貢献を強く言えば言うほど、そのような持続的技術の開発が提案され、幹部も満足することになる。しかし、気概と志のあるボトムの管理者や中堅の技術者は破壊的技術の開発を提案する。提案書が幹部に行き、幹部から事業への貢献について問われると自分のシナリオを言うことができるが、事業部門の裏付けが取れないためにうまく返答ができないことがある。その結果、その提案は却下されたり、大幅な予算削減が指示されたりする。また、議論しているうちにリスキーな破壊的技術の特徴的な部分が削られ、場合によっては持続的技術の開発にすり替えられてしまうこともある。

　そのようなことにならないように、破壊的技術を開発する基礎技術研究の予算の比率をあらかじめ決めておくことが重要である。研究所の20%とか30%とかの予算は破壊的技術あるいは新しいコア技術を創出するために自主的に開発するために使うということを予め決めておくのである。ただし、企業においては持続的技術の開発の方に圧倒的に重点が置かれ、予算も持続的技術の開発に使われる。話を元に戻して、そのような自主研究に対する議論であるが、徹底的な事業化プランのための議論はあまりしないようにした方がよい。あまりにも事業にかけ離れた自主研究は排除されなくてはならないが、経営幹部は聴くだけで想定される事業への応用を確認する程度に留めるのがよいだろう。あとはボトムの優秀な管理者に任せるという態度が重要である。ただし、提案したボトムの管理者は優れたコア技術を保有し、自らが中心になって過去に事業への貢献の経験があり、開発成果を事業に展開するという強い意志を持っていることが重要である。したがって、そのような破壊的技術、新しいコア技術を開発したら、提案者であるボトムの管理者は自ら事業部門に開発した技術を使ってもらうように事業部門に強く働きかけを行う必要がある。研究所だからいい技術を開発したら誰かが使ってくれるだろうという考えは甘い。全く新しい技術は事業部門ではそう簡単には使ってもらえない。ただ、一旦、事業部門に使ってもらうことが決まれば、事業部門から顧客ニーズも聞き出すことが

でき、その顧客ニーズに従って改良開発していけば、よりよい技術に仕上げることができるはずである。

新事業を興す仕組みを作る

　企業には成長が求められる。主に求めているのは株主である。売り上げが伸び、利益が増え、企業価値が増大すれば、株価が上がり、株主が得をするからである。もちろん、企業が成長すれば経営層も管理職も従業員もボーナスなどの収入が増加することになるので喜ぶことになる。企業が成長するためにはアンゾフの成長マトリックスというフレームワークがあり、成長分野で事業をする、新製品を作って顧客に買ってもらう、新しい販路を開拓する、などの施策があるが、新事業を開拓するという重要な施策もある。

　筆者は長年研修に携わってきたが、近年の研修の一つの傾向として有能な人たちを選抜して長期コースの研修を行い、将来の幹部候補として育成しようというのがある。このような長期のコース研修は各大企業の研修部門以外に、研修を専門に行っている会社、あるいは著名な経営学部を保有する大学などでも社会人向けに行われている。研修の最後にその成果として新製品か新事業の企画提言書を受講者に書かせ、企業だと会社幹部の前で発表させるプログラムがある。新製品については会社の事業方針に合った企画提言書を書けば、実際に開発されることになるが、新しい事業の企画提言書についてはどうだろう。新事業を実行するところまで進めることはできているだろうか。新聞を見ていても大企業が新事業に参入というのはあまり出てこない。今までの事業に関連した新事業なら特定の事業部門が推進するだろうが、全く新しい事業を始めるとなると、それをインキュベーションするような仕組みや組織がないと進まない。新事業を行うための組織と仕組みを作り、予算を確保し、新事業推進を側面から支援するような体制が必要になる。特に優秀な人を引き抜いて新しい事業を担当させ

ようとすると社内での抵抗も大きいので、新事業を推進するためにはそのための社内ルールを整備する必要がある。年にいくつ新事業を興すかという目標も決めておくのもいいかもしれない。このようにして新事業を企画提言だけではなく、新事業を推進するルール、推進する部門や体制を整備する必要がある。

　米国の新興の大企業では CVC があって、ベンチャー企業への投資やその買収によって新技術や新事業の獲得を行う部署がある。企業によっては年間数十社も買収している。米国の大企業は短期的な業績に追われ、時間のかかる破壊的技術の開発を、大学の研究室やベンチャー企業の育成と買収によって行うのが効率的であると認識しているようである。米国の大企業はこのような手法で新技術の獲得と新事業分野への参入をうまく推進しているようである。

破壊的技術の開発をミドル以下に任せる

　破壊的技術の開発をマネージすることは非常に難しく、新しい技術が好きな優秀な人たちに任せる手法がよいということを述べた。環境を整備し、あとは当事者に任せるほかないのである。そのような状況下でもなんとかルール化しようとして現れたのが 3M の 15％ルールであり、グーグルの20％ルールである。たとえば、グーグルの 20％ルールの場合、申請して承認されれば、勤務時間の 20％は自分のやりたい研究、開発をやっていいというものである。20％ということは週に 1 日はやりたいことができるわけである。その代わり、どんな成果を出したのかを一定期間後に説明し、デモをするとか、実物を見せることが求められる。いい成果がでれば、事業化されることになり、自分自身も新事業の中心メンバーとして新事業を牽引することができるわけである。このようにしてイノベーションの創出を促そうというわけである。

　企業の幹部の中には従業員に勝手なことをやってもらっては予算の無駄

使いで困ると考え、統制しようとする人も多い。そのため研究所で新しい技術の開発をするにしても中堅の技術者やボトムの管理者からアイデアを出させ、幹部がそれを審議してふるいにかけ、いいものだけに予算を付けようとする。しかし、この方式では提案者は自分の提案を通すために事業に貢献しやすい提案をすることとなり、突拍子もないアイデアを具現化するような提案はなかなかでてこない。このような問題を打破するために、15％ルールとか20％ルールが生まれたものと思われる。審議はせずにテーマの選択から優れた最下層のマネージャや中堅の技術者に任せ、優れた結果だけを求めるという考えに基づいていると筆者は理解する。

　もともと米国の大学の教員は週に1日は何をやってもいいという風習がある。企業に行ってコンサルタントをしてもいいし、企業の研究所で働いてもいい。企業で働くときに大学に申請する必要もないし、終わっても報告する必要もない。筆者はこのような風習が企業の15％ルール、20％ルールに発展しているのではないかと推測する。ついでに言っておくと米国の大学の教員は夏休みの2か月とか3ヶ月の間、給与は支給されないという風習がある。もともと年俸制なので年俸を9か月か10か月に分割して支払われているだけなので問題はないが、給料が支払われない夏休みは何をやってもいい。企業で働いてもいいし、もちろん、大学に来て研究を続けてもいい。

　日本でも最近、国立大学の教員にも兼業が認められるようになったが、事前の申請書と事後の報告書が義務付けられていることが多い。それも学長宛に提出することが求められていたりして、しっかり統制して兼業をやりにくくしているのではないかと思わずにはいられない。研究が盛んな有名大学は米国では私立が多く、日本では国立が多いというのも一因かもしれないが、日本の大学では産学連携を推進しているのだから、兼業をもっとやり易くしたらいいのではないだろうか。

直近の事業への貢献ではなく、長期的な企業の利益を考えて投資すると
か、一部の社員の活動の自由度を高めるとかの施策が必要であろう。統制
を緩めて社員の自由度を高めることを組織スラック（スラック：たわみ、
ゆるみ）と呼ぶ。ガース・サローナーらの著書(11)にも述べられている。組
織スラックはムダではなく、イノベーションや大きな変革のための必要な
考え方である。比較的大雑把な米国人には受け入れられる考え方かもしれ
ないが、何事もムダを取り除いてきっちりとやりたいと思う日本人にはち
ょっと合わないかもしれない。

スピーディに対応する

破壊的イノベーションになるかもしれない芽が米国などから出てきたと
き、1970 年代から 1980 年代の日本の製造業は、米国の先進企業に即座に
キャッチアップするというのが当たり前だったので、死に物狂いで追従し、
より安価で高品質の製品にしていった。それを米国などからは「研究ただ
乗り」などと言われ、新聞などでも海外の経営学者などからよく批判され
ていたが、日本の企業の強さだったことには変わりはない。

「世の中がどう変わっていくのかよくわからないし、何が最もいい解な
のかわからないから、しばらく傍観してみよう」などと考えていたのでは
遅れてしまう。最近では先進国の一員になったというプライドからか、先
頭の企業に少し引き離されてしまうとスピーディにキャッチアップしなく
なったように感じるのは筆者だけだろうか。グローバル化の進展によって
企業社会はスピーディに動いている。破壊的イノベーションの芽が出てき
たら、スピーディな対応をしないと乗り遅れてしまう。

新製品比率を決める

会社全体の新製品の比率を一定の割合以上にするというルールを予め決
めておいて、常にその目標をクリアするように努力するというものである。
これによってイノベーション企業であることを持続させようというもので

ある。当然、会社が目標とする新製品比率を下回る事業部門は評価が下がるかテコ入れがある可能性がある。

◇3M のミッション・ステートメント

　ポストイットで有名な米国の 3M はイノベーション企業であることを持続するために、そのミッション・ステートメントに「我々の目標は　・・・ここ 4 年以内の新製品による売り上げ構成比を少なくとも 30%以上・・・」という文章がある。これはオハイオ州立大学のジェイ・バーニー教授の著書[13]に記されている。このようにミッション・ステートメントの中にはっきりと新製品の売上比率が書かれるとそれぞれの事業部門は新製品比率 30%以上を維持しないといけなくなり、達成できないとテコ入れされることになる。このようにしてイノベーションを起こすことが促進され、継続されるわけである。3M にとって新製品比率 30%以上とすることがミッションであり、企業の価値観であることを明確にしているわけである。

　以前に 3M の CEO のインタビューだか講演の記事を読んだことがあるが、最初に「自社の新製品比率が現在 30%を超しており、順調に推移している」ということが述べられた。一般的な大企業の社長のインタビューや講演だと最初に「会社の売り上げがいくらで、営業利益、最終利益がいくら、それぞれの利益率はいくら」という話が出てくる。しかし、3M は新製品比率が最初にくるのである。新製品比率を維持することが最も重要であるということが会社の価値観になっているのである。結果としてそれによってイノベーション企業であることを維持し、高い利益率を維持できていることになる。

　経営戦略論に KPI (Key Performance Indicators：重要業績評価指標) という用語がある。これは企業の経営目標である売上高や利益額、利益率を向上させるために、日々の企業活動に密着している補助的な指標で、その指標を向上させれば、経営目標の達成に近づけることができるというもの

である。KPI の例として、製造ラインの不良品率、製造時間、棚卸回転率、労災件数など、営業マンの顧客訪問回数、未払い残高などさまざまなものがあり、これらの数値を向上させることによって経営目標を達成しようというものである。3M の場合にはイノベーション企業であることが企業の価値観となっており、新製品比率を重要な KPI として経営層に強く意識されているのである。それによって 3M はイノベーション企業としてオペレーションされており、結果的に優れた業績を残している。

　さて、大企業が破壊的イノベーションを推進するためのさまざまな施策について述べてきたが、すべてを行うというのではなく、それぞれの企業に合った施策を選択していくつかを行えばよい。自社がイノベーティブであれば優れた部分を潰さないようにしなくてはならないし、イノベーティブとは言えなければ、破壊的イノベーションのための新しい施策を取り入れていく必要がある。

【ポイント】
・　日本で大企業が破壊的イノベーションを推進するには「イノベーションを推進する」という経営層の従業員に向けた態度を見せることが必要である。ただ、大企業はどうしても持続的イノベーションが中心で、リスキーな破壊的イノベーションを置き去りにする傾向がある。
・　優れた創業者やその一族が経営トップにいると長期的な視点で経営を考え、破壊的なイノベーションを起こすような思い切った施策を実施することがある。
・　研究開発予算の一部を破壊的技術、新しいコア技術の開発をするというルールを作り、仕組みを作ることも重要である。また、開発された技術を提案者は事業化部門に積極的に売り込み、事業に貢献する努力が必要である。
・　新事業を支援することをミッションとするような部署を作り、新事業

がインキュベーションされる仕組みを作り、予算を割り当てることも重要である。
・ 破壊的技術の開発はミドルマネージャ以下に任せ、成果だけを問うという施策もある。グーグルの20%ルールとか、3Mの15%ルールはそれを推進するための施策である。
・ 破壊的イノベーションの波に対してスピーディに対応する必要がある。
・ 会社や事業部門毎に新製品比率を決め、イノベーティブな事業推進をするというやり方もある。

4.1.4 破壊的イノベーションのアイデアの源泉

　破壊的イノベーションを起こせるような破壊的技術のアイデアはどこから生まれてくるのかということについて議論する。

顧客ニーズから破壊的技術のアイデアは出て来ない
　クリステンセン著の「イノベーションのジレンマ」（2001）でも述べられているが、顧客ニーズだけから次の製品を開発していると、破壊的イノベーションは生まれない。
　企業の中ではよく「顧客ニーズを訊いてこい」と言われる。顧客ニーズを知ることはマーケティング戦略の視点から見ると最も重要なことの一つである。次の製品を開発するときに顧客ニーズに適合した製品を作れば売れるからである。しかし、顧客から破壊的イノベーションに繋がるような破壊的技術が提案されることはまずないと考えてよい。顧客にニーズを聴くと、「値段をこのくらい安くしてほしい」とか「性能をこのくらい上げてほしい」「こんな機能が追加してほしい」「こんなふうにしてもっと使いやすくしてほしい」というようなことは言ってくれる。あるいは現状の製品の問題点などを言ってくれるだろう。現状の製品をより低価格で、より高

性能で、使いやすいものにしてほしいという要望を言ってくるわけである。そのような顧客ニーズは重要ではあり、顧客ニーズを訊きながら次の製品を開発することはビジネスの成功に繋がる。顧客のニーズを満たすような製品を作れば確実に顧客は購入してくれるからである。しかし、このような顧客ニーズは現状の製品をベースにそれを改善するアイデアであり、持続的イノベーションの実現になる。

　顧客ニーズを訊きに行っても顧客から破壊的イノベーションに繋がるような突拍子もない破壊的技術やアイデアは出てこないと考えてよい。もし顧客から突拍子もない破壊的技術や新しいアイデアが出てきたら、それは競合他社が提案しているとか、学会で話題になっているとか、海外で採用され始めていて、その実現性や価格、性能に関して意見を求めてきていると考えた方がいいかもしれない。すでにその破壊的技術のアイデアはどこかで実現されるか、実現されそうな状況にあるのである。

破壊的技術のアイデアの源泉は企業の内部にある

　破壊的イノベーションになるような破壊的技術のアイデアはどこから生まれてくるのだろうか。それは会社の内部からである。自社の内部からかもしれないが、競合他社の内部から生まれるかもしれない。破壊的技術のアイデアの源泉は社内の気概と志のある研究開発の技術者や、創業者やその一族らの経営層が日頃から抱いている問題意識や新しいものへの興味から生まれてくることが多い。

　研究開発を担当している技術者は日頃から学会誌や専門雑誌などを読んで、最先端の技術の知識を常に獲得している。自社の製品や技術を知った上で、最先端の技術と照らし合わせ、自分の興味や発想で今までのものとは違った新しいものを作ってみようと思い立ち、試作品の開発などの行動に出る。試作品でデモをしてある程度の評価が得られれば、さらにその先の開発や製品化が認められることがある。ただ、試作品を作るにして予算を獲得するためのプロセスを厳しくして、提案書を徹底的に審査すると斬

新なアイデアは実証しにくくなる。ある程度の自由度を優秀な技術者や末端の管理職に持たせれば試作品の開発やデモができるようになる。

　創業者やその一族が経営層にいる場合には長期的な会社の発展を考えて英断を振るい、破壊的技術の開発を指示することがある。創業者とその一族は株式の保有額が多いので、権限が集中していることが多い。そのために新技術の開発の決断をすれば会社を大きく動かすことができる。「クロネコヤマトの宅急便」で有名なヤマト運輸の創業者の二代目社長だった小倉昌男は米国を訪問した時のことをヒントに、自らの考えで宅急便事業を始めたことを、その著書(21)で述べている。創業者やその一族はこのような強引な意志決定ができる。一方、サラリーマン経営者の場合には、大きな意思決定をしようとしても、リスクが大きいと関係者の同意が得られず、周囲の反対を押し切るほどの行動をすることは難しい。そのためにリスクを回避して安全な経営をする方向に向かい、サラリーマン経営者の大企業では大きな変革を行うことは難しくなる。

　このように破壊的イノベーションの破壊的技術のアイデアの源泉は企業の内部にあり、プロダクトアウト的である。いいものを作れば売れるだろうという考え方である。

　一方、持続的イノベーションのアイデアは顧客ニーズから来ることが多く、マーケットイン的である。マーケッティング理論の書物を読むと一般的には高度成長期はいいものを作れば売れるというプロダクトアウトでよかったが、現代は何が売れるかわからないからマーケットインでやらないといけないとある。しかし、破壊的イノベーションの発想はプロダクトアウトである。最近のマーケティング理論では顧客ニーズの次は「顧客の深層のニーズを掴み取れ」ということも言われているが、これも顧客を十分知った上での半分プロダクトアウト的な考え方といえるであろう。

成熟市場では顧客が破壊的技術に注目することがある

　顧客に破壊的技術を提案しても即座にその技術を使うとは言ってくれな

い。「絵に描いた餅」の状態でしかもリスクがある状態では、新しい技術を顧客が「使う」と約束してくれるはずはない。「いいものができれば使ってもいい」と言ってもらえるのが関の山である。裏を返せば、「気に入らなければ使わないよ」と言っているのと同じである。

　ただ、顧客に破壊的技術を提案して顧客が乗ってくることもある。それは市場の技術が成熟してしまい、顧客に対する各メーカーからの提案が横並びで、どの提案を見ても似たり寄ったりの機能、性能、価格のときである。そのような場合、顧客はどの企業に発注しようか決めかねてしまう。そのようなときにある企業だけ全く異なった新しい技術を提案すると、顧客の興味を引くことがある。顧客がその技術を評価してその技術が今までの技術より優れていて価値があると判断すれば、その技術を採用してみようということになることがある。このように成熟市場では破壊的イノベーションを顧客に提案すると顧客は乗ってくることがある。

破壊的技術は別の業界から持ってきてもよい

　破壊的イノベーションを実現するには、世界で初めての全く新しい技術を使わなくては起こらないというものではない。ある業界では普通の技術でも別の業界でその技術を採用すると破壊的イノベーションになることがある。元の業界で使いこなされた技術の場合、問題点もすでに取り省かれていることが多いので、検証する時間を短縮することができる。たとえば、コンピュータ技術はコンピュータ業界の中で進化してきた。通信技術もさまざまな通信装置や携帯電話などの業界で進化してきた。しかし、コンピュータ技術や通信技術は現在ではさまざまな業界で使用されており、コンピュータ業界や通信業界では当たり前の技術が別の業界、例えば、家電、工場やプラントの製造設備、自動車、鉄道、電力などの業界などでは新技術になることがある。何年も遅れて使われるようになるが、業界が異なるとそこでは最新の技術になることがある。

破壊的技術のアイデアには問題点が多い

　破壊的技術の製品を既存の製品と性能、機能、価格で容易に比較できればいいが、使い易さとか顧客に対するアピールなどが論点になると、論理的に新しい破壊的技術のアイデアの方がいいということを説明することが難しくなる。そもそも新しい技術や新しいビジネスはその可能性についてわからないことが多く、それが問題点となる。経験豊富な管理職や優秀な技術者はそのような問題点を素早く見つけ、そこを突っついてくる。突っつかれた問題点にうまく対応できないと、新しい破壊的技術のアイデアを簡単には受け入れてもらえないことが多いと思っていた方がいい。しかし、破壊的技術にはこのような問題点は付き物である。新しいことに取り掛かるときには、とりあえず進めてみて、問題点を発見して議論し、何とか対応策を考え出そうという雰囲気がないと次には進めない。

　新しい技術アイデアがあって、そのアイデアに対して 10 人が 10 人とも賛同するようなアイデアは、ベースとなる基本技術は同じであるが、性能をあげるとか、顧客が求める新しい機能を追加するとか、コストをカットするとかで既存製品をより優れているが、既存製品の改良であって尖った新鮮味のないことが多い。このようなアイデアは一般的には持続的技術のアイデアであることが多い。持続的技術のアイデアは論理的に今の製品より優れていることを現状の製品と比較して明確に説明することができ、また顧客ニーズにも合ったものなので 10 人中 10 人が賛同することが多い。持続的技術の開発は顧客ニーズを満足させるためのものであり、大企業のミッションであり、大企業はやらなくてはならないことである。もし持続的技術の開発を怠れば、すぐに顧客は他社に取られてしまう。そのために、大企業の中ではこのような持続的技術のアイデアは重要であり、上層部にも通り易い。

　破壊的イノベーションの源泉は研究開発の技術者や、創業者やその一族の興味や新しいもの好きであることが多く、ベースとなる基本技術が全く異なってしまうために問題点が多い。既存の技術に比べて新技術の方が性

能、機能、価格で容易に比較でき、かつ優れていることが言えればいいが、性能はいいけど価格も高いとか、使い勝手がよくなる、見栄えがいいなどの感性に関わる部分が論点になると、論理的に新しい破壊的技術のアイデアの方がいいということを説明することが困難になる。仮に新技術の方がよさそうだということになっても、今までに技術を置き換えることによって発生するスイッチングコストを考えると、そんな新しい技術は導入したくないという意見も出てくる。つまり、今までの技術を捨てて全く新しい技術を学ばなくてはならなくなるのでその負荷を考えると抵抗する人も出てくるのである。破壊的技術にはこのようにさまざまな問題点があるが、そこを徹底的に議論してその解決策を見つけ出せないと、その新しいアイデアを潰してしまうことがある。そもそも斬新なアイデアには問題点は付きものである。問題点がなければすでにだれかがやっているだろう。10人が評価したら半分ぐらいの人は反対するかもしれないし、未知の部分があるということは賛同できないと考えれば全員が反対するかもしれない。ヤマト運輸の創業者二代目社長だった小倉昌男が宅配便事業を始めようと取締役会にかけたら自分以外の全員の取締役が反対したそうである。しかし、創業者の二代目社長は強力な権限によって事業化し、現在では、「クロネコヤマトの宅急便」が大成功している。反対する人がいるということはそれだけ現状から先に進んだ考えであるかもしれないともいえる。

　破壊的技術のアイデアは現状のものと大きく異なっているので、リスクも大きく、新製品が予定通りできあがっても市場に受け入れられるかどうかはわからない。そのような意味では破壊的技術を事業化することは少々ギャンブル的であるが、そのリスクをだれかが背負わないと破壊的技術は実現しない。上司の承認が必要な大企業では失敗を恐れて経営層や管理職がリスクをとらなくなると、事業化が見送られてしまうことになる。

　会社の中では経営層は「チャレンジしろ」とよく言っているが、その割には保守的な思考をし、「そんなことは止めておいた方がいい」という人は多い。止めておいた方がリスクを抱えなくて安全であることの方が多いの

120

である。暴走する人もいるので、止める人も必要になることも当然である。会社とはアクセルを踏む人と、ブレーキを踏む部署や人がいて、せめぎ合いをしながら、ある時はリスクに挑み、ある時はリスクを回避しつつオペレーションをされるものであるということだろうが、時にはリスクを取って新技術に挑まなければ破壊的イノベーションは起こらない。

【ポイント】
- 顧客ニーズはマーケティング戦略の視点からは重要なことであるが、顧客ニーズから破壊的技術のアイデアは出てこない。
- 顧客ニーズから生まれるアイデアは持続的イノベーションのためのアイデアであり、改良開発には非常に重要である。
- 破壊的技術のアイデアの源泉は企業の内部にある。気概と志のある研究開発の技術者や末端のマネージャ、長期的な視点から判断する創業者及びその一族の経営層からアイデアが生まれることが多い。
- 成熟市場では顧客が破壊的技術に注目することがある。顧客に対する各メーカーの提案が横並びで似たり寄ったりのとき、他社とは異なった新技術に顧客が興味を示すためである。
- 破壊的技術は全く新しい技術である必要はなく、他の先進的な業界で使われていた技術を別の業界に持ってくると破壊的技術になることがある。
- 破壊的技術には問題点が多い。優秀な管理職や技術者はその問題点をすぐに見抜き、そこを突っついてくるし、安定志向の人は反対することが多い。
- 10人の評価者が全員賛同するようなアイデアは持続的技術のアイデアであることが多い。破壊的技術なら10人中半分ぐらいの人が反対するかもしれない。場合によっては全員が反対するかもしれない。単に技術の評価だけでなく、新しい技術を学ばなくてはならないというスイッチングコストから反対する人もいる。

- 破壊的技術を開発するとき、だれかがリスクを取らないと前に進まない。

4.2 持続的イノベーションの推進

　持続的イノベーションは製品のベースとなる基本技術は同じであるが、基本技術の大きな改良や付加価値の増大によって著しく性能や機能、使い易さなどを向上させるものである。図 2.1 に描かれているイノベーションの S 字曲線では図にも描かれているように成長期の部分で、技術の方向性は複雑、高性能、高価である。

　イノベーションの S 字曲線の成長期では、より優れた製品が次から次へと改良開発が行われる。ある開発が終わっても、顧客から新たなニーズが生まれ、他社製品と差別化するために次の改良アイデアがすぐに生まれ、その開発に入っていく。このような改良開発が何度も行われ、主流市場で求められる支配的設計の製品が追求されていく。

　持続的イノベーションはその事業に参入した企業は売り上げと収益を伸ばすために継続して行わなくてはならない。新たな顧客のニーズや製品の問題点などがメーカーに伝えられるので、それらに沿って新技術や新製品の開発を行わないと他社に後れを取り、自社製品が売れなくなってしまうからである。仮に、成長期において持続的開発を途中で止めてしまったら、顧客に見捨てられ、他社にマーケットシェアが奪われ、一気に事業は縮小し、最後は撤退にまで追い込まれる。大企業は生産設備や能力の高い技術者、資金を保有しているので顧客ニーズに沿った継続的な開発は得意である。市場が成長しているとき、顧客ニーズに沿った製品を作れば売れるので、持続的な開発には資金を投入する。このようにして業界は新しい差別化技術を模索しながら開発を継続し、持続的イノベーションが進められる。

しかし、このような激しい改良開発の競争もいずれ改良することが少なくなり、成熟期を迎える。成長期においてもコスト低減活動は行われるが、大きな革新技術による著しいコスト低減活動が行われるのはイノベーションのS字曲線の成熟期である。そのために成熟期においては価格競争が激しくなる。また、主流市場での競争が一段落し、ローエンドからハイエンドまでの製品のラインアップが行われるのも成熟期である。

◇持続的イノベーションは経営戦略論やマーケティング理論による

　持続的イノベーションへの対応は破壊的イノベーションよりも以前から理論化が進められ、経営戦略論とかマーケティング理論が作られ、広く知られている。

　たとえば、ハーバード大学のマイケル・ポーター教授が著した「競争優位の戦略」[17]では競争に勝つためには主流市場では①差別化戦略と②コストリーダーシップ戦略、ニッチ市場での③集中化戦略があり、この3つしかないと言っている。持続的イノベーションのステージでは主流市場でのシェア獲得をするために、次から次へと新製品が開発される。つまり、これら3つの戦略の中でまさに主流市場において差別化戦略を中心に技術の開発を進めていくことになる。

　経営戦略論で出てくる PLC（Product Life Cycle）戦略では、製品のライフサイクルを黎明期、成長期、成熟期、衰退期の4つのステージに分け、それぞれのステージでの戦略がまとめられている。持続的イノベーションは PLC の成長期に当たるので基本戦略は主流市場での「シェア拡大」であり、マーケティング目標は「ブランドの確立」ということになる。そのためには製品の「改良開発」と「価格低減」に注力し、コンシューマ製品なら「量販店」を使って販売し、宣伝は TV や雑誌、新聞などの「マスメディア」を使って、「製品の特徴を強調」しなさい、つまり「差別化を強調」しなさいということになる。PLC 戦略についてはフィリップ・コトラーらの著書[9]や三谷宏治の著書[29]など多くの経営学の著書に説明されているの

で参考にされたい。

　マーケティング戦略ではよく使われる STP 分析というのがある。これは自社の製品をどのマーケットに的を絞って販売していくかを考えるフレームワークで、下記のような 3 つに分けて考える。

(1) セグメンテーション(Segmentation): 市場や顧客を細分化する
(2) ターゲティング（Targeting): 細分化されたセグメントの中で自社が参入するべきセグメントを選択する
(3) ポジショニング（Positioning): 選択されたセグメントでの自社製品の優位性を明確にする

　STP 分析では、常に(1)のセグメンテーションから始めなくてはならないというわけではなく、製品が決まっていれば、(3)から始めてもよい。STP 分析は自社の限られた資源を使って、最大の事業の効果を得られるようにするためにフレームワークである。

　他にも経営戦略やマーケティング戦略にはいろいろな理論とフレームワークがあるので、それらを持続的イノベーションに対して適用することを検討するとよい。

【ポイント】
・　持続的イノベーションはイノベーションのS字曲線の成長期の部分で、技術の方向性は複雑、高性能、高機能である。
・　持続的イノベーションのステージでは顧客ニーズに基づいた差別化技術の開発競争が中心に行われ、主流市場を獲得するために支配的設計が追求されていく。
・　持続的イノベーションは十分な生産設備、有能な技術者、巨額の資金を保有している大企業が得意であり、継続して行えば、顧客を引き留めておくことができる。
・　持続的イノベーションの戦略は以前から研究されてきた経営戦略やマーケティング戦略を活用することができる。

4.3 破壊的イノベーションと
持続的イノベーションの比較

　破壊的イノベーションと持続的イノベーションについていろいろ述べてきたが、ここではこれらを比較してまとめてみたい。

比較項目	破壊的イノベーション	持続的イノベーション
① ベースとなる基本技術	今までとは異なった技術	今までの技術の延長
② 開発の中心	ベースとなる基本技術	基本技術の改良または周辺の技術開発
③ アイデアの源泉	企業の内部（研究者や創業者のシーズなどプロダクトアウト的）	顧客ニーズ（マーケットイン的）
④技術の方向性	圧倒的な高性能／ローエンド／新性能指標／新結合／新機能	複雑、漸進的高性能、高価格
⑤開発上の課題	困難で多い	少ない
⑥既存事業への影響	新製品に置き換えられ、既存事業の一部または全てを破壊する	既存事業を発展させる
⑦運営	自由に主体的に（困難）	戦略的、計画的
⑧実用化される確率	低い（ハイリスク）	高い（ローリスク）
⑨収益性	実用化されれば収益は大きい可能性あり（ハイリターン）	収益率は高くはないが、確実で持続的（ローリターン）
⑩得意な企業	ベンチャー企業	大企業
⑪リーダー企業	交代する可能性高い	交代しない
⑫得意な国	米国	日本、中国、韓国、台湾

表 4.3.1 破壊的イノベーションと持続的イノベーションの比較

表 4.3.1 の①から④については今まで説明してきたが、再度、まとめてみることとする。

「①ベースとなる基本技術」については、破壊的イノベーションは全く異なった技術であるのに対し、持続的イノベーションのベースとなる基本技術は同じである。したがって、「②開発の中心」は破壊的イノベーションでは基本技術の開発が中心になるが、持続的イノベーションは基本技術の改良による性能向上や周辺の機能開発、使い易さの追求などに注力される。

「③アイデアの源泉」については、破壊的イノベーションは企業の内部にあり、新しい技術に興味を持った研究者や最下層の管理職、その企業の創業者やその一族であることが多く、シーズ・オリエンテッドで、いい製品を作れば売れるというプロダクトアウト的な発想である。一方、持続的イノベーションは顧客ニーズから生まれることが多く、ニーズ・オリエンテッドで、マーケットイン的な発想である。

「④技術の方向性」については、破壊的イノベーションは基本技術を革新することによる圧倒的な高性能、あるいは圧倒的なローエンド、顧客の評価軸が変わってしまう新性能指標、技術と技術を結合させることによって新しい機能を創出する新結合、あるいは今までになかった機能を創出する新機能への方向となる。持続的イノベーションについては、ベースとなる基本技術は同じであり、複雑、漸進的高性能、高価格な製品に向かう。

「⑤開発上の課題」については、破壊的イノベーションは実現可能性などの技術的な課題が困難で多く、価格などのビジネス上の課題も多い。一方、持続的イノベーションは顧客ニーズをベースにしているのでビジネス上の課題は少なく、技術的な課題は目標が明確にできるために、改良の仕方が見つかれば問題は少ない。

ここまで比較項目については、今までに説明してきたが、次からの比較項目についてはもう少し詳しく説明する。

破壊的イノベーションは既存市場を破壊する

　「⑥既存市場への影響」については、後になってみないとわからないが、破壊的イノベーションが起こると既存市場の一部あるいは全部が破壊され、新しい製品に置き換えられる。高性能型の場合、たとえば液晶テレビはブラウン管テレビの市場を完全に破壊した。ローエンド型の場合では、パソコンはエンジニアリング・ワークステーションの市場を完全に破壊した。新指標型の破壊的イノベーションは今までの性能指標の市場も残るが、徐々に旧来の性能指標の市場は新しい性能指標の製品によって破壊されていく。たとえば、ハイブリッド型自動車は省エネではレシプロエンジン自動車に比べて圧倒的に省エネ性能はよいのでマーケットシェアは増え続けている。レシプロエンジンも残っているが、マーケットシェアが増えることはなさそうである。新結合型のスマートフォンは携帯電話と電子手帳の市場をほぼ全てを破壊し、デジカメや電子辞書などの市場にもかなり浸食している。また、パソコンの一部の市場も浸食している。新機能型の破壊的イノベーションは新しい機能によって新しい市場を作ることになるが、その結果、特定の市場が破壊されることがある。例えば、インターネットという新機能の技術が現れ、本の販売の多くがインターネットになり、書店の数は激減した。また、グーグルの検索エンジンとウィキペディアは百科事典という市場を破壊した。

　一方、持続的イノベーションについてはベースとなる基本技術は同じなので既存市場の製品が優れたものになっていくので、既存市場がより大きくなり、発展していく。

破壊的イノベーションの運営は難しい

　破壊的イノベーションをマネージメントして成功に導くのは非常に難しい。「⑦運営」の欄には「自由に主体的に」と記載したが、研究者や技術者のやりたいようにやらせてボトムアップ的に成果を上げさせるということになる。実際に何が成功するのかはよくわからないので、ルーチンワーク

になるような優れた運営というのがあるのかどうか、よくわからないということである。しかし、自由にやらせて役に立たない事業性の低いようなものを作り出すようでは止めた方がいい。たとえ高学歴な優秀な人材でも、新しいものに取り組むことが苦手な人もいて、そのような人には破壊的技術の開発を任せるのは止めた方がいい。しっかりした技術開発の実績があって、新しいものを創出する構想力と意欲のある人に自由裁量を与えて破壊的技術の開発をさせるのがいい。「こんな技術の開発をしたい」「新技術によって会社の事業に貢献したい」という強い意志が必要であり、そのような意思をもった人には適切な裁量を与えて「自由に主体的に」行動できる環境を与えることが大切である。ただし、それでもその中でビジネスとして成功するのは一部である。

　持続的イノベーションの運営は顧客ニーズをベースとした目標が明確になれば、あとは優秀なマネージャを選んで、必要な技術者などの人的資源と予算を準備し、「戦略的、計画的」にトップダウン的に開発を推進すれば概ね成功する。成功の鍵は優秀なマネージャと優れた技術者が担当するかどうかである。大規模な開発で開発目標が曖昧だったり、計画がずさんだったり、重要な技術が欠落していたりするとプロジェクト崩れに繋がることがあるので注意する必要がある。

破壊的イノベーションはハイリスク、ハイリターン

　「⑧実用化される確率」については、破壊的技術の開発は問題点が多くて開発リスクも事業化リスクも高い。たとえ破壊的技術の開発に成功したとしても事業として成功するとは限らない。特に全く異なった市場に参入するときには困難がある。ただし、うまく市場を開拓することができれば、先行参入を果たすことができ、大きな利益を生むこともできる。したがって、「⑨収益性」については、まさに破壊的イノベーションに取り組むことはハイリスク、ハイターンなのである。持続的イノベーションに取り組むことは堅実であるが、リターンは持続的である。

ここで、全く新しい製品の開発に成功したが、事業で失敗した事例として EMI の CT スキャナについて述べる。

◇EMI の CT スキャナの開発

　EMI（Electric and Musical Industries）はイギリスのレコード製造会社で、1960 年代にビートルズのレコード販売などにより巨額の利益を得ていた。そのために巨額の研究開発費が提供され、この会社の研究所の勤務していた技術者のゴッドフリー・ハウンズフィールドは潤沢な研究開発費を使って 1972 年に音楽とは全く関係ない体の断層画像を作る CT（Computer Tomography）スキャナを開発した。その原理は米国のタフツ大学教授のアラン・コーマックによって 1963 年、64 年に発表されていた。これは X 線の検出器から得られるデータから連立方程式を作り、巨大な行列演算を行うものである。ハウンズフィールドはこの理論をベースに CT スキャナを開発したのである。

　EMI ではできあがった CT スキャナを販売しようとしたが、EMI はレコードの製造会社であるため、医療機関に対する販売網を持っていなかった。そのために医療機関に販売網を持つ医療機器メーカーに販売してもらうこととなり、日本ではレコードで提携関係にあった東芝 EMI を通して販売されるようになった。すぐに需要が高まり、多くの CT スキャナが販売されるようになった。当時は EMI スキャナとも呼ばれるようになったほどである。しかし、EMI の CT スキャナに関する特許がお粗末だったために、すぐに医療機器メーカーが開発に乗り出した。日本では日立、東芝が、米国では GE が、欧州ではジーメンスがそれぞれ開発に乗り出し、強力な医療機関に対する販売網を持つこれらの企業に市場を取られてしまった。1979 年にタフツ大学のコーマックと EMI のハウンズフィールドはノーベル生理学・医学賞を受賞しているが、同年に EMI は CT スキャナのビジネスから撤退している。すばらしい製品の開発には成功したが、ビジネスに失敗した典型的な事例である。

破壊的イノベーションと持続的イノベーションの比較に話を戻す。持続的イノベーションは、技術開発においてもビジネスにおいても破壊的イノベーションに比べるとそのリスクは小さい。顧客ニーズをベースに既存製品の問題点を洗い出し、それらを解決することによって性能や機能、価格の目標を設定することができる。大企業において優秀なマネージャが計画を策定し、保有する人的、金銭的な資源を投入すれば、目標を達成できる可能性は高い。また、開発目標は顧客ニーズをベースにしているので、開発が完了すれば、顧客に購入してもらえる確率は高い。そのために、技術開発においてもビジネスにおいてもそのリスクは小さくなるのである。

　破壊的イノベーションに成功し、先行参入に達成することができれば、巨額の利益を得ることができる。しかし、持続的イノベーションにおいては競合他社がすでに存在するために利益を確実に得ることはできるが、利益率を大幅に上げることは難しい。ただし、持続的に安定して利益をあげることはできる。つまり、持続的イノベーションはローリスク、ローリターンなのである。

　「⑩得意な企業」については、一般に破壊的イノベーションがベンチャー企業であり、持続的イノベーションは大企業である。一般に資金と優秀な技術者、生産設備を保有する大企業は持続的イノベーションが得意である。しかし、前述したように日本においては米国に比べると圧倒的にベンチャー投資額が小さく、ベンチャー企業を育てる文化が乏しいと言わざるを得ない。歴史を見ても日本では大企業が破壊的イノベーションを担っており、大企業が破壊的イノベーションを推進する仕組みを作ることが期待される。

　「⑪リーダー企業」については、破壊的イノベーションが起こるとリーダー企業は交代してしまうことがあるが、持続的イノベーションではリーダー企業は大きくは変わらない。どのようにしてリーダー企業が交代したかについては2章の破壊的イノベーションの説明を参照していただきたい。

　破壊的イノベーションが「⑫得意な国」は米国である。ベンチャー投資

額が巨大であり、ベンチャー企業を支援する仕組みが整っているからである。若い技術者にも起業することに対する抵抗感も小さく、起業をやってみたいと考える人も多いようである。一方、持続的イノベーションが得意な国は日本、中国、韓国、台湾などの東アジアの国々が多い。日本は、以前は破壊的イノベーションとなるような新製品をいくつか出してきたが、近年は減っているように思われる。中国、韓国、台湾にも巨大な企業があるが、これらの企業から近年、オリジナルのアイデアで、世界を席巻した製品はまだないといえるだろう。

　破壊的イノベーションと持続的イノベーションについて分類し、さまざまな面から分析してその特徴を述べてきた。これらのことを理解することによって、研究者や製品開発を担う技術者、新事業を企画する人たちがイノベーションの目標を明確にし、破壊的イノベーションに対する恐怖心を払拭し、破壊的イノベーションに立ち向かっていくことができると期待される。

【ポイント】
・　表 4.3.1 を参照のこと。

第 5 章 製品イノベーションと
　　　　　　工程イノベーション

　本章ではイノベーションを対象によって分類し、製品イノベーションと
工程イノベーションを解説する。

　製品イノベーションは製品そのものを革新技術によってより高度な製品
へと変革するイノベーションであり、顧客の利益や便宜に直接かかわって
くるのでわかり易い。一方、工程イノベーションは生産工程や物流工程を
効率化するためのイノベーションであり、企業の組織能力をより強靭にし、
企業の利益を増やすことやより高品質な製品を作ることができる効果があ
る。工程イノベーションは企業の内部で起こるイノベーションであり、外
からは見えにくい。なお、製品はプロダクト、工程はプロセスであり、製
品イノベーションをプロダクト・イノベーション、工程イノベーションを
プロセス・イノベーションとも言われる。

5.1 製品イノベーション

　製品イノベーションは顧客の利益や便宜に直接かかわる。つまり、顧客あるいは消費者は変革された新しい技術を製品から直接知り、感じることができる。第2章で述べた事例はすべて製品イノベーションである。

　図 2.1 の S 字曲線で示されるように、最初の黎明期に破壊的イノベーションが起こり、それが顧客に受け入れられると成長期に入り、持続的イノベーションが起こる。一般的に技術には限界があり、なかなか性能を上げることができなくなると成熟期に入る。成熟期に入った製品は性能が頭打ちになり、ほぼ完成された形状、機能のものとなる。MIT の教授であるジェームズ・アッターバックの著書[1]ではそのような状態の製品をドミナント・デザイン（支配的設計）の製品と呼んでいる。

　ドミナント・デザインの製品になると開発するべき技術が少なくなり、製品がダイナミックに変化することは少なくなる。そうすると製品に関してするべきことは、多くの顧客に使ってもらうためにボリュームゾーンの製品を中心として、高性能な製品からローエンド製品までのラインアップがなされる。成熟期になるとラインアップされているが、新製品といっても以前の製品に比べてあまり変わらなくなる。

　一般に成熟期に入ってドミナント・デザインが確立されると製品の開発競争のための投資は少なくなる。製品開発に投資してもそれに見合った成果が得られ難いと考えるからである。米国ではそれが顕著で、たとえば、家庭用のエアコンとか冷蔵庫などの白物家電は昔のままで、新製品の開発はされなくなるのが普通である。一方、日本ではエアコンも冷蔵庫も毎年少しずつ改良された新モデルが各社から登場し、激しい競争にさらされる。このような毎年の地道な改良開発の蓄積が日本製品をより強くしているかもしれない。ただし、機能での差別化が少なくなり、価格で競争すること

となる。価格競争に陥ると、利益率が低くなり、場合によっては赤字体質になってしまう。日本の企業は成熟期でも開発競争が行われて価格競争に陥るために、日本の製造業の利益率が低くなる原因になっているのではないかと思わずにはいられない。

5.2 工程イノベーション

　製品の破壊的イノベーションが起こり、持続的イノベーションが起こって成熟期になって製品がドミナント・デザインの状態になると、ラインアップされるが、生産効率を上げて低コストで高品質な製造や、効率的な物流システムを追求する工程イノベーションが活発化する。工程イノベーションは企業内部の技術革新であり、基本的には製品そのものの性能や機能が向上するというものではない。工程イノベーションによって企業の組織能力がより強くなり、価格競争力や品質が向上し、企業の利益を増やすことができる。工程イノベーションによって企業をより強靭にすることができるのである。

　イノベーションのＳ字曲線での工程イノベーションの位置は製品の成熟期であり、図 5.2.1 のようになる。

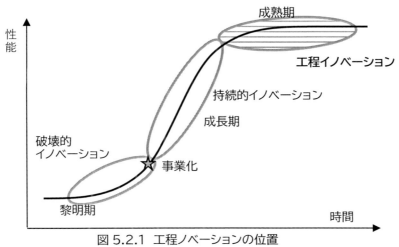

図 5.2.1 工程ノベーションの位置
（R. Foster の S 字曲線に工程イノベーションの位置を追記）

　このように工程イノベーションは一般に製品イノベーションが下火になった後に活発化する。前出のアッターバックの著書[1]ではその様子を下記のような図で表している。

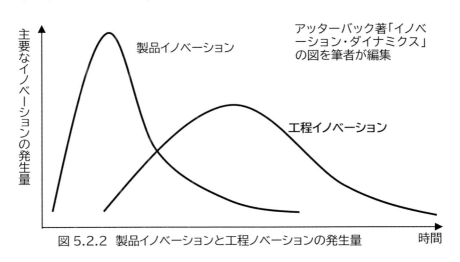

図 5.2.2　製品イノベーションと工程ノベーションの発生量

135

図 5.2.2 から読み取れることは次のようなことである。

まず、製品イノベーションに比べると工程イノベーションは遅れ、主要なイノベーションの発生量は少なく、華々しさが小さい。工程イノベーションは企業の内部での活動であり、外からは見えにくいが、組織能力を高めることができる。

次に言えることは、製品イノベーションが成長期にマーケットシェアを拡大しようとするために、短期間に集中して差別化のための開発競争が行われるのに対し、工程イノベーションは製造現場を中心に時間をかけてじっくり行われる。工程イノベーションは利益を増やすために低コスト化、高品質化が目標になり、社内で時間をかけて確実に行われるのである。そのために、工程イノベーションは企業の利益に直結し、業績への即効性がある。もちろん、持続的イノベーションによってそれなりのマーケットシェアを獲得し、生産量が確保されていないといけない。

工程イノベーションは収益化のステージ

図 2.2 にイノベーションのプロセスと破壊的イノベーションと持続的イノベーションの関係が記載されているが、この図に工程イノベーションを位置付けると下図のようになる。

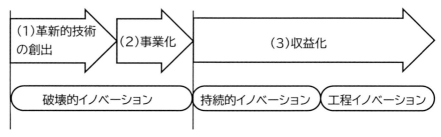

図 5.2.3 イノベーションのプロセスにおける工程イノベーションの位置付け

工程イノベーションにも破壊的なものと持続的なものがある。破壊的な工程イノベーションが起こるとその製造技術はさまざまな製品の製造に適用され、時間をかけて各工場に浸透していく。持続的な工程イノベーションは一旦製造ラインが作られた後にその製造ラインの問題点などを明らかにして改善されていく。

　次に代表的で破壊的な工程イノベーションの事例を説明する。

◇フォード社のベルトコンベア方式

　ベルトコンベアを使用した流れ作業による自動車の大量生産方式である。それまでもベルトコンベアによる大量生産方式はあったが、本格的に同じものを大量に生産したのはフォード社のT型フォードが最初であり、大成功した。

　T型フォードは 1908 年から生産が開始されたが、他社製の自動車が 2000 ドルだったときにこの大量生産方式によって 850 ドルで販売することができ、米国の自動車の普及に貢献した。同じ車種で、塗装の渇きが速い黒色しか提供せず、低価格化が可能になり、一時、米国の自動車市場の半分を取ってしまった。価格はどんどん低下し、1926 年には 260 ドルまで下がった。しかし、同じものではだんだん消費者に飽きられ、1927 年に生産が止められた。生産台数の合計は約 1500 万台である。ちなみに、同一車種で、世界で最も多く生産されたのは、その後に販売されたドイツのフォルクスワーゲン社のビートルで、1938 年から生産され、約 2150 万台生産された。こちらの方は半世紀以上生産した合計である。

　ベルトコンベア方式は仕事を細分化し、それぞれの作業員は一日中、同じ仕事をしなくてはならず、非人間的であるとして問題になったために、賃金を上げることになった。また労働時間も 1 日 10 時間から 8 時間に短縮された。それでも圧倒的な生産効率によって低価格を実現した。

◇トヨタ生産方式

　自動車を生産するのは基本的にはベルトコンベア方式であるが、効率的に生産するためにトヨタでは生産ラインにおいて古くからさまざまな工夫がなされてきた。米国では「Lean 生産システム」（Lean：「ムダのない、筋肉質な」の意味）と言われ、日本の製造業の強さの根本として分析されている。具体的にはトヨタ生産方式の基本は自働化と JIT（Just In Time）である。

　自働化は自動化ではなく、トヨタ生産方式を築いた大野太一の造語である。生産ラインに問題があったり、不良品を作ったりしたら、すぐに機械を止めて、人が問題の原因を調べて解決するというものである。

　もう一つの JIT（Just In Time）とは必要な部品を必要な時に、必要な量だけ持ってくるということで、ムダな在庫を持たないという活動である。最近ではムダな在庫だけではなく、あらゆるムダを徹底的に取り除く活動を JIT 活動と呼ぶこともある。

　他にも「カイゼン活動」「問題点の見える化」「なぜなぜ分析」など、さまざまな生産を効率化するために仕組みができた。

　「カイゼン活動」は生産ラインをより効率化するために現場の人が中心になって考え続け、議論し、より効率的な生産ラインを作り上げようとする現場の活動である。

　「問題点の見える化」とは問題点をみんなの前にさらけ出すことである。問題点があると人は隠そうとする、あるいはその問題点を迂回しようとしがちである。そうではなく、問題点があれば、それをみんなに知らしめ、みんなで知恵を出し合って解決するのである。

　「なぜなぜ分析」は問題の真因を突き止める手法である。問題が起こったとき、その追求が甘いと表層的な問題を解決するだけで、深いところにある真因を解決したことにはならない。その結果、また同じような問題が起こってしまう。なぜなぜ分析とは「なぜ」という質問を5回繰り返すと問題の真因が見えてくるというものである。そしてその真因を解決するこ

とによってその問題を根本的に解決することができるというものである。

日本の産業が強かったのは工程イノベーションで強かったから

　1980 年代から 1990 年代始めにかけて日本の工業製品が世界の先進国で売れた。自動車、テレビ、オーディオ、楽器、鉄鋼、船舶など、多くの工業製品が世界の先進国で売れた。

　図 5.2.4 は 1980 年から 2021 年までの日本の GDP の変化を示す図である（世界経済のネタ帳のウェブサイトより）が、1980 年から 1990 年代始めまでに日本の GDP は約 2 倍になっている。つまり、日本国内で創り上げる付加価値が 2 倍になったわけである。これは年率にすると平均約 7%強の成長で、1990 年代の始めには日本は先進 7 カ国のうち一人当たりのGDP はトップになった。

図5.2.4 日本のGDP推移（1980-2021） 単位:10億円
（世界経済のネタ帳より、2021年は予想）

1995 年で比較すると、日本の一人当たりの名目 GDP はドルベースで約43,441 ドル、米国の一人当たりの名目 GDP は約 28,671 ドル（以上、世界経済のネタ帳のウェブサイトより）で、日本の一人当たりの GDP は米国の実に約 1.5 倍あった。参考までに、2019 年の日本の名目 GDP は約 40,846 ドルで、米国のそれは約 65,111 ドル（以上、世界経済のネタ帳のウェブサイトより）で、米国の一人当たりの GDP は日本の 1.59 倍になっている。

　1989 年の世界の企業の時価総額ランキングでは上位 50 社に日本企業が32 社入っていたという報告がある。30 年後の 2019 年では上位 50 社に入った日本企業はトヨタ自動車の 1 社のみである。不動産や株の高騰でバブルな面も多く含まれていたが、当時はハーバード大学教授のエズラ・ヴォーゲルが言う "Japan As Number 1" だったのである。同名の著書(2)があるので参考にされたい。

　どうして日本はこのようなことができたのであるか。これは「もったいない」ということばにも表されているように日本人はムダを嫌う性格があるということにも起因すると思われるが、日本の製造業がトヨタ生産方式を取り入れ、製造工程から徹底的にムダを取り除き、低価格で高品質な製品を作る能力を身に付けたからである。日本製の自動車、オートバイ、船舶、テレビなどの家電、鉄鋼、ピアノなどの楽器などが低価格で高品質だったために世界の先進国で売れた。日本の製造業は革新的な製造技術を作り上げたわけである。

　日本の製造業が工程イノベーションによって発展してきたが、同時に独自の製品も作ってきた。ソニーのトランジスタ・ラジオ、家庭用の VTR (Video Tape Recorder)、ソニーのウォークマン、デジタル・カメラ、任天堂の家庭用ゲームマシン、大型ブラウン管テレビから液晶テレビ、CVCCやハイブリッドエンジンなど低燃費で環境に優れたエンジンの自動車などを独自に開発し、世界で販売した。このような小型で安価な製品も独自に開発してきたのである。

　1980 年代の日本企業の躍進が華々しく、米国では著名な大学のビジネス

スクールでは MOT（Management Of Technology：技術経営）を研究するようになった。その大きな目的の一つは日本の製造業の強さを分析することであった。結論から言うとビジネススクールでは「日本の製造業は Lean Production System（無駄のない生産システム）を構築した」ということを明らかにした。時を同じくして、当時世界最大の自動車メーカーであった GM（General Motors）はトヨタ自動車と合弁で 1984 年にカリフォルニア州に NUMMI（New United Motor Manufacturing Inc.）を設立してトヨタ自動車のカローラやピックアップトラックの生産を始め、トヨタ自動車の生産ノウハウを学んだ。トヨタ自動車にとっては米国で生産することによって政治問題化することを防ぐ狙いがあった。合弁会社は 2009 年の GM の経営破綻によって終了し、現在、その工場ではテスラが電気自動車を製造している。

　図 5.2.4 で 1990 年代の半ばごろから日本の経済が停滞し始めているのがわかるが、これはバブル経済がはじけて土地や株が暴落したことが大きな要因であるが、貿易黒字の非難をかわすために日本の製造業が中国や東南アジアなど海外に工場を作り始めたこと、2000 年代に入って IT バブルがはじけたこと、その後、韓国、台湾、中国といった国々が新たな製造の仕方で低価格、高品質な製品を作り始めたことなども要因である。韓国や台湾は莫大な投資によって同じものを大量に作れるようになったこと、中国は安価な賃金によって低価格で高品質な製品が作れるようになったことが日本の製造業に打撃を与えた。そのために工場の製造工程で強かった日本の製造業は停滞し、ひいては日本の経済も停滞し始めたのである。

新興国の発展は工程イノベーションから

　農林水産業の第一次産業中心の国から鉱工業の第二次産業が発展して先進国になるときのステップは次のようになる。

(1) 先進国の製品をライセンス生産するか、先進国の企業に自国で工場を作ってもらい、国内消費や輸出を行う。

141

(2) 自国の市場に合った製品、特に低価格の製品を作り始める

(3) 低価格の製品が高品質になり、先進国に輸出をされる

(4) グローバルに使ってもらえる製品を開発する

(5) 全く新しい破壊的技術の製品を開発する

　上記のステップで(1)から(3)までは工程イノベーションに関わるものであり、(4)(5)は製品イノベーションに関わるものである。新興国の企業が突然、革新的技術によって世界で使われる製品を創り出すことはまずない。まずは先進国から製品の製造の仕方を学び、次に工程イノベーションによって先進国より低価格な製品を作り、自国市場でシェアを拡大する。その製品が高品質になれば、先進国に輸出して利益をあげる。次にグローバルに通用する独自設計の製品を作るようになる。そんなことができるようになると、破壊的技術を生み出し、破壊的イノベーションに繋がるような製品を生み出すことができるのである。

　米国は 20 世紀に入ってからどちらかというと(4)(5)にフォーカスしていると言える。ベルトコンベア方式などの工程イノベーションもあったが、飛行機、ラジオ、テレビ、洗濯機、冷蔵庫、コンピュータ、最近のIT 事業など、数多くの新しい製品が米国から次々と生まれてきた。米国では(4)のグローバルな製品と言っても米国には自国に巨大なマーケットがあり、自国で売れる製品はグローバルに売れるだろうという考え方がある。

　日本も前節で述べたように(4)(5)のステップの製品もいくつもあるが、米国に比べると、近年、製品イノベーションの量については滞っているような感じがする。また、かつての成功体験から完全には抜け出せず、全く新しい製品を開発することより、(3) のムダ取りによる低価格化と品質向上のところに注力して何とか活路を見出そうとしているが、一部の製品の低価格化については韓国、台湾、中国にはかなわない状況である。

　韓国、台湾、中国は(3)(4)のステップから抜け出せておらず、既存製品

を改良し、大規模投資や安い賃金によって低価格化した製品をグローバルに販売している。韓国発、あるいは台湾発、中国発で、グローバルに通用する全く新しい革新的技術の製品はまだ出てきていない。

【ポイント】
・ 製品イノベーションは製品そのものが変革されるイノベーションで、顧客の利益や便宜に直接かかわる。
・ 工程イノベーションは製造工程や物流工程を変革するイノベーションで、企業の内部で行われ、顧客からは見えない。低コスト化や高品質化が行われ、企業の組織能力を強くし、収益に大きく貢献する。
・ 工程イノベーションはイノベーションの S 字曲線で、成熟期に行われることが多い。
・ 工程イノベーションは製品イノベーションから遅れ、華々しさは小さいが、製品イノベーションより長期に亘って行われる。
・ 1980 年代から 1990 年代にかけて日本は大きく発展したが、これは工程イノベーションによるところが大きい。
・ 新興国が発展するには最初に製造方法を先進国から学び、次に工程イノベーションによって大きく発展することがある。その次が製品イノベーションになる。

第6章 サービス業のイノベーション

　今まで、第二次産業の製品に関するイノベーションについて述べてきたが、第三次産業であるサービス業のイノベーションについても基本的には製品のイノベーションと同じで、モノか無形のサービスかの違いだけである。ただ、サービスには技術革新と呼べるものは少なく、ノウハウによる差別化なので、真似されやすい。

　サービス業のイノベーションには、顧客に提供されるサービスの付加価値を高める新サービスのイノベーションもあれば、効率化によって低コストで高品質にする工程イノベーションもある。新サービスの提供によって顧客の便宜が向上しなくてはならないし、工程イノベーションによって顧客に提供されるサービスが低コストで高品質になる。

　また、サービス業のイノベーションにも破壊的なものもあれば、持続的なものもある。今までとは全く異なった新サービスが提供されて、古いサービスが破壊されてしまえば、破壊的イノベーションになる。一旦、破壊的イノベーションが起これば、持続的イノベーションによってサービスがより優れたものに改良される。

　次にいくつか事例を使って説明する。

◇クロネコヤマトの宅急便

　「クロネコヤマトの宅急便」で有名なヤマト運輸の社長だった小倉昌男

144

は経営についていくつも本を著しているが、その著書(21)に宅急便を生み、事業を育てた経緯が詳しく書かれているので興味のある方は読んでいただきたい。なお、「宅急便」とはヤマト運輸の商標であり、業界用語は「宅配便」である。

　宅配事業が始まる前は郵便小包と鉄道小荷物があった。郵便小包は郵便局まで、鉄道小荷物は駅まで持って行かなくてはならなかった。郵便小包は重さが 6kg までであったし、鉄道小荷物は駅まで取りに行かなくてはならなかった。他には通運という事業があり、家から家に運んでくれるが、長距離の場合、途中は鉄道のコンテナを使った。

　小倉は自ら宅配便の事業を考え、取締役会にかけたが、自分以外の取締役は全員が反対したそうである。小倉は創業者の二代目社長であり、絶大な意思決定権を有しており、取締役会の反対を押し切って 1976 年に宅配便を日本で初めて開始した。大企業のサラリーマン社長では自分以外の役員全てが反対するような事業を実行に移すことはなかなかできないだろうが、創業家には絶大な力がある。宅急便はしばらく赤字が続き、同業他社は様子見をしていたが、1981 年にやっと黒字になった。そのとたんに 35 社が一気に宅配便事業に参入してきた。当時、ヤマト運輸がクロネコをシンボルマークにしていたが、他にカンガルー、ペリカン、小熊、キリン、象などの動物が各社のシンボルマークになり、動物戦争と言われた。

　荷物の大きさが大きいか小さいか、そして個別の家までいくかどうか、という違いはあるが、トラックを使った運送業をやっていれば宅配ビジネスはできると考え、とりあえず、「儲かるなら」ということで多くの会社が参入してきたわけである。技術や特許がないと、簡単に他社からの参入を許してしまう。結果的にはヤマト運輸には 5 年間の苦しみぬいた宅急便の経験があり、そこで蓄積した貴重なノウハウが他社の追従を許さず、数年後には多くの運送会社が宅配便から撤退してしまった。今でもヤマト運輸が宅配業界の 42％のマーケットシェアを保有し、業界トップである。佐川急便、日本郵便が続き、この 3 社で、93％以上のマーケットシェア（2019

年度、国土交通省資料より）を保有している。

　ヤマト運輸は事業を開始した後、さまざまな工夫をしている。たとえば、冷たいものでも運べるクール宅急便や、ゴルフバッグやスキー板の配送なども矢継ぎ早に始めている。また、クロネコヤマトの配送車は独特な形をしているが、中をちょっと覗いてみるといろいろな工夫がされていることがわかる。まず、助手席は通常折りたたまれていて、助手席の後ろは荷物室への通路となっている。荷物室の天井は高く、立って仕事ができる。助手席がないので助手席側から乗り降りができる。道路の交通量が多い時には運転席側から乗り降りするのは危険で面倒であり、運転手にとっては助手席から乗り降りできると助かる。こんな工夫を運転手の人たちが意見を出し合って配送車の案を作り、いくつかの自動車メーカーに製造を打診したが、最終的にはトヨタが作ってくれたそうである。

　クール宅急便やゴルフバッグ、スキー板の配送などの新しいサービスが提供されるようになったことは持続的イノベーションに相当し、配送が楽な車を作ったことは工程イノベーションに相当する。

◇スターバックス・コーヒー

　スターバックスは 1971 年にシアトルで創業しているが、当時はコーヒーの焙煎をする会社であった。1982 年に入社したハワード・シュルツが 1983 年にイタリアに出張したとき、ミラノにエスプレッソ・バーが 1500 店もあることを知る。エスプレッソは圧力をかけてコーヒーを作り、ドリップやサイホンなどより苦みがあり、コクがある。米国に帰ってエスプレッソをベースにしたメニューのコーヒー店を別会社として作り、繁盛するようになった。その後、スターバックスを買収してコーヒーの焙煎からコーヒーの提供までを行う会社にし、スターバックスの社名でコーヒー・チェーンを作った。

　日本でも伝統的なコーヒーを提供する喫茶店が古くからあった。サイホンかドリップでコーヒーを作り、コーヒーカップも一種類で量もだいたい

146

決まっていた。顧客は一人でコーヒーを飲んで楽しむというより、友人同士で雑談をしたり、仕事の話をしたりするために喫茶店を利用ことが多かった。

　スターバックスはイタリア風の圧力をかけて作るコーヒーをベースにしてコクがあるだけでなく、トッピングもいろいろあってメニューが多くておいしい。それ以外に店員の教育が行き届いて接客がフレンドリーで、店内は広くて落ち着いた雰囲気で、パソコンを開いて、メールを見るとか、簡単な仕事をすることもできる。高校生が勉強している姿もよく見かける。これらは伝統的な喫茶店にはないサービスである。そのために、学生やオフィスに勤める人たちから圧倒的な支持が得られるようになった。現在では世界で30000店舗以上となっている。日本でも1500以上の店舗があり、日本で最も店舗数が多いコーヒー・チェーンとなっている。

　エスプレッソをベースにした多くの種類のコーヒーを提供できるようにしたこと、店内は落ち着いた雰囲気にし、簡単な仕事や勉強ができるようにしたことは新サービスのイノベーションと言える。また、コーヒー豆の焙煎からコーヒーまで手掛け、他社には真似ができないようにしていることは工程イノベーションに相当する。

◇インターネットによる本の販売

　近年、本屋さんの数が減った。駅前の本屋さんは依然としてあるが、広めの駐車場があって車で行く大きめの本屋さんは激減しているようである。これは多くの人がインターネットを使って本を購入しているためだと思われる。インターネットを使って本を購入するようになると非常に便利であり、インターネットによる購入から離れられなくなる。筆者もアマゾンで本を購入することが多いので、その利便性、つまりサービスの良さを本屋さんと比較してみる。

	本屋さんで購入	アマゾンでの購入
発注場所	本屋さんに行く	自宅から発注
発注する時間	本屋さんの営業時間内	24時間いつでも
必要な本の探し方	自分の目で探す	インターネットで検索
本の評価	雑誌や新聞で知る	星印(☆)の数で評価
本の推奨	ない	関連する本を推奨
購入場所	本屋さんで購入	自宅でカード決済、自宅まで 1-2 日で配送

表 6.1 本屋さんとアマゾンで本を購入するときの利便性の比較

　表 6.1 に示されたことは顧客に対して提供されるより優れた利便性であり、サービスである。つまり、本の販売における顧客価値であり、サービスのイノベーションである。

　アマゾンはこれらのサービスを顧客に提供するために、巨大な倉庫を持ち、大量に品物を仕入れてスピーディに顧客に配送している。また、インターネットのホームページを工夫し、わかり易くて、少ないクリックで発注ができるようになっているが、これらは工程イノベーションに相当する。

【ポイント】

・　第三次産業であるサービス業にもイノベーションがある。革新的な技術が無くてもイノベーションを起こすことができ、成功すると多くの同業者が参入することがある。

・　サービス業のイノベーションにも顧客に新しい利便性や新しいサービスを提供するサービスのイノベーションと低コスト化や効率化するための工程イノベーションがある。

・　サービス業のイノベーションも最初に破壊的なイノベーションが起こり、次々とサービスが改良される持続的イノベーションが起こる。

第7章 ビジネスモデル・イノベーション

　ビジネスモデル・イノベーションは工程イノベーションに似ている部分もあるが、本書では次のようなものをビジネスモデル・イノベーションとする。

(1) 他社との連携による革新

(2) 利益の源泉が変わることによる事業の成功

(3) ビジネスの仕方を変えて顧客に対する便益が向上する。

　上記の中で(1)のようなビジネスモデル・イノベーションは工程イノベーションと同じように図 5.2.1 のイノベーションの S 字曲線の成熟期で起こることが多いが、(2)(3)のようなビジネスモデル・イノベーションはそれ自身がイノベーションの S 字曲線をたどることになる。

7.1 製品アーキテクチャと　　　　オープン＆クローズド戦略

　製品アーキテクチャとは製品の方式、構造を示す用語である。アーキテクチャとはもともと「建築」の意味であるが、コンピュータの分野では基

本方式の意味で使われ、「CPU（Central Processing Unit）のアーキテクチャ」とか、「OS（Operating System）のアーキテクチャ」などとアーキテクチャということばは頻繁に使われる。

7.1.1 統合型製品とモジュール型製品

　技術経営の分野では、製品アーキテクチャとして統合型製品とモジュール型製品がある。

　統合型製品とは部品間、あるいはいくつかの部品で構成されるモジュールの間のインタフェースがそれぞれ最適に設計され、最高の性能がでるように設計された全体最適な製品をいう。したがって、ある部分の設計変更がなされると、関係する部品やモジュールの設計も変更しなくてはならなくなることもある。統合型製品は全体で最高性能を出すためにはすぐれているが、設計変更などで起こる調整に手間がかかるし、高価になる。ここで、モジュールとは装置やシステムを構成する機能的にまとまった部分である。ソフトウェアを開発するときにも機能的にまとまった部分をよくモジュールと呼ぶ。

　それに対して、モジュール型製品とは部品間、モジュール間のインタフェースが業界や社内で標準化され、その標準化されたインタフェースのルールを守れば、部品やモジュールが繋がり、装置やシステムを組み上げることができる製品のことをいう。ここでいうインタフェースの標準化とはオープンな標準化もあれば、社内に閉じた標準化もある。部品間あるいはモジュール間のインタフェースは予め決められているので、部品やモジュールを部分最適に設計すれば、装置やシステムの性能を上げることができるが、インタフェースがボトルネックになると冗長な部分も出てくる。しかし、部品点数の多い複雑な装置やシステムを組み上げる時にはインタフェースのルールを守ればよく、他の部品やモジュールのことを考える必要

がないので、設計し易いという特長がある。巨大なシステムを構築すると
きはモジュール化せざるを得ない。

　日本のもの造り現場の研究をされている東京大学教授の藤本隆宏の著書
(27)では統合型製品を擦り合わせ型製品、モジュール型製品を組み合わせ型
製品と称し、イメージをつかみ易い表現になっている。

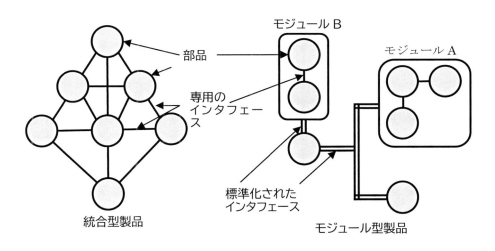

図 7.1.1.1　統合型製品とモジュール型製品の概念図

　図 7.1.1.1 は統合型製品とモジュール型製品の概念を示す図である。統
合型製品ではそれぞれの部品やモジュールが密に結合しており、部品やモ
ジュールを変更するとインタフェースも変わることが多く、インタフェー
スに繋がっているその先の部品も変更しなくてはならなくなる。一方、モ
ジュール型製品では内部のインタフェースが標準化されており、インタフ
ェースを変更することなくモジュールや部品をアップグレードするとか、
変更することができる。標準化されたインタフェースがボトルネックにな
るとそのインタフェースの性能を向上させる新たな技術が生まれてくる。

　表 7.1.1.1 は統合型製品とモジュール型製品を比較したものである。

151

	統合型製品	モジュール型製品
要素（部品、モジュール）間インタフェース	密に結合され、全体最適により最高の性能を目指す	モジュールは個別最適に設計され、インタフェースが標準化された疎な結合
動作	密に同期して動作	インタフェースさえ守れば接続可能、疎な同期動作、あるいは非同期動作が可能
アップグレード	製品全体の取換えが必要なこともある。部分的に取り換えるとシステム全体の調整が必要	部品やモジュール毎にアップグレード可能
故障時の対応	故障個所が特定しにくく、部品交換だけでは対応できないことがある	故障個所が特定し易く、部品やモジュール単位で交換することによって対応可能
部品会社と組み立て会社	調整が必要であり、部品会社は組み立て会社の地理的に近くに密集	インタフェースを守ればモジュールは繋がるので、モジュールの製造会社は組み立て会社から離れていてもよい
価格と市場	高価で市場は独占的	モジュール毎の低価格化が進み、装置やシステムも低価格になる。コンシューマ市場では低価格化により巨大市場になる可能性があるが、価格競争が激しくなる
事例	飛行機、高級自動車、システム LSI の内部、アナログ回路	大衆自動車、デスクトップ PC、デジタル TV、オーディオシステム、デジタル回路、ソフトウェア

表 7.1.1.1 は統合型製品とモジュール型製品の比較

　表 7.1.1.1 からも読み取れるように、広く使用されていてモジュール化しやすい製品の一つはデジタル製品である。これはインタフェースを明確に定義し易いためである。アナログでもインタフェースを単純にすることはできるが、デジタルは"10"で表現されるので、より明確に定義することができる。
　一方、モジュール化されずに統合化製品として発展していくのは飛行機や高級自動車などの機械製品やアナログ製品である。

【ポイント】

- 製品アーキテクチャには統合型製品とモジュール型製品がある。
- 部品やモジュールが最適なインタフェースで密に結合され、全体最適を目指すのが統合型製品である。
- 部品やモジュールが部分最適に設計され、業界あるいは社内で定められたインタフェースで結合されて製品を作り上げるのをモジュール型製品という。
- 統合型製品とモジュール型製品の特徴については表 7.1.1.1 の比較表を参照のこと。

7.1.2 オープン＆クローズド戦略

　モジュール型製品の内部のインタフェースを公開して他社の部品やモジュールを自由に接続できるようにするのがオープン戦略である。統合型製品は部品やモジュールのインタフェースを個別最適にして全体最適な製品を作ろうとするので内部のインタフェースがオープンになることはない。また、統合型製品の内部インタフェースは社内で閉じているので、統合型製品にはオープン戦略はなく、オープン製品にはオープン・モジュール型製品しかない。

　製品の内部のインタフェースを公開しないのがクローズド戦略である。クローズド戦略には統合型製品とモジュール型製品がある。クローズド・モジュール型製品とは社内でインタフェースを標準化し、外部にはそのインタフェースを見せない。見せるとしても製品に関係する特定の企業にだけである。それによって、社内で部品やモジュールの接続のし易さを維持して他社の部品やモジュールが自社製品に勝手に入り込んでくることを拒むことができる。

統合型からクローズド・モジュール型、オープン・モジュール型へ

　最初、多くの製品はクローズドな統合型製品からスタートする。次に製品の幅が広がり、新製品を開発するときに開発量を少なくするために部品やモジュールがそれぞれ単体で開発できるようにするために社内でインタフェースの標準化が行われる。つまり、クローズドなモジュール型製品となる。

　次に顧客からの値下げ圧力がさらに強まると、社外にある、自社製品より低価格の部品やモジュールを使おうかという機運が高まる。顧客からの値下げ圧力が強まってコストが耐えられなくなってくると、実際に社外の低価格なモジュールを使うことになる。そのためには自社の内部のインタフェースを外部の会社に公開するか、外部のモジュールのインタフェースに自社製品を合わせることになり、オープン・モジュール化が進展する。社外の部品やモジュールを使うことによってコストが下がり、価格が下がると市場が拡大し、部品やモジュールの供給会社が増加する。そうすると部品やモジュールの価格競争がいっそう激しくなり、値下げ圧力が大きくなってそのインタフェースは完全にオープンになってしまう。このようにしてオープン・モジュール化が進展していくわけである。

　すなわち、最初の製品はクローズドな統合型であるが、そのうち、社内の生産のし易さを追求してクローズド・モジュール型になり、次に顧客からの値下げ圧力によってオープン・モジュール型になっていく。その様子を図 7.1.2.1 に示す。この図は藤本隆宏の著書(27)にも記載されている図を筆者が変更、追記、編集したものである。

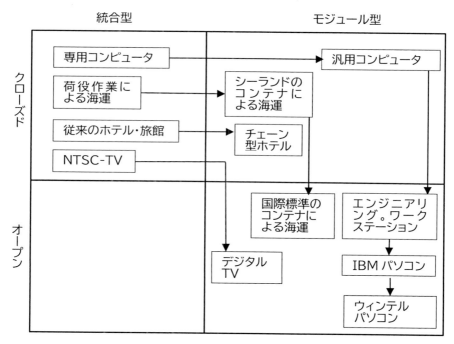

図 7.1.2.1　製品アーキテクチャの変化
（藤本隆宏著「もの造りの哲学」の図をベースに筆者が変更、追記、編集）

オープン・モジュール化が進展してコモディティ製品に

オープン・モジュール型が進展すると、部品やモジュールを製造する企業による部品単位あるいはモジュール単位に高性能化と低価格化の競合が進展する。高性能化が行き着くところまで進み、顧客にとってもう十分という性能のところまで行くと次は価格競争だけに陥る。その結果、いわゆるコモディティ製品になってしまい、薄利多売のビジネスになってしまう。コモディティ製品とは性能や機能での差別化が難しく、価格で差別化される製品を言う。そのような業界ではコスト耐力があって、価格で勝てる企業だけが生き残ることができる。コスト耐力のない企業は市場から退出することになる。

155

他社が真似できない高度な技術を持てば勝てる

　オープン・モジュール型になっても勝つことのできるタイプの企業がもう一つある。それは他社が真似できない高度な技術を持ち、競合が起こらずに市場を独占することのできる企業である。パソコン業界ならマイクロソフトとインテルである。

　マイクロソフトはパソコンのOS市場でウィンドウズOSが2018年で約93%を占めている。残りはアップルのmacOSである。文書作成ソフトであるマイクロソフトのOffice（最近、名称がMicrosoft365に変更されたが、ここではOfficeと称する）はアップルのMacでも使われているが、オープンソフトのOOo（OpenOffice.org）が欧州で意外と使われており、Officeのマーケットシェアは80%から90%程度のようである。このようにマイクロソフトはパソコンのOS市場と文書作成ソフトの市場で圧倒的に強く、その大半のマーケットシェアを保有しており、大きな競合は起こっていない。

　インテルは最近の世界的なパソコン需要の拡大やデータセンターの拡張需要によってCPUの供給が追い付かない状況が続いているようだが、インテルの互換チップを製造しているAMD（Advanced Micro Devices）がLSIファンドリのTSMC（Taiwan Semiconductor Manufacturing Company）に製造委託し、より微細なプロセスを使って高性能で低価格なCPUを供給できるようになった。一方のインテルは微細化でTSMCに遅れているようで、インテルの一人勝ちとは行かないようであるが、CPUのアーキテクチャを決定する主導権はインテルにある。最近の報告では2019年の後半から2020年にかけてAMDのCPUはその出荷台数でインテルに近づいているようである。いずれにしてもパソコンとサーバのCPU市場はインテルが主導して、AMDと共に寡占されており、他のメーカーが入り込む余地はない。

　このようにマイクロソフトもインテルも他社が真似できないような強力な技術力によって、パソコン業界のリーダー的な存在となり、パソコン市

場では圧倒的なマーケットシェアを維持しており、安定的に高収益をあげ続けている。

　オープン・モジュール型のビジネスでは低価格化で他社を凌駕するか、他社が真似できないような技術力と製品を持つしか勝つ道はない。このことについて小川紘一の著書[20]にも詳しく記載されているので参照されたい。

◇汎用コンピュータとパソコン

　初期のコンピュータは専用コンピュータとして特定の業務毎に設計されていた。たとえば、給与計算だけをするコンピュータとか経理業務だけをする専用のコンピュータが販売されていた。これは完全なクローズドな統合型製品であった。

　1964年にIBMからIBM360という汎用コンピュータが発表された。これはコンピュータをCPU、メモリ、磁気ディスクや磁気テープなどの外部記憶装置、プリンタなどのモジュールに分け、モジュール間のインタフェースを社内で標準化し、モジュール毎に増設、アップグレードが可能なようにした。これによって同じアーキテクチャで用途に応じて小型から大型までシステムを構築することができるようになった。また、さまざまな顧客特有のアプリケーション・ソフトウェアをいくつも搭載し、タイムシェアリングで動作することができるようにした。このようにハードウェアとソフトウェアをモジュールに分け、それらを社内の標準化されたインタフェースで接続し、システムを1社で組み上げる垂直統合型のビジネスにした。これは典型的なクローズド・モジュール型製品であると言える。

　1980年代になると、UNIXをOSとするエンジニアリング・ワークステーションが出現した。Sunマイクロシステムズがエンジニアリング・ワークステーションの最も大きな企業に成長した。CPUは当初はモトローラのCPUが使われていたが、高速化するためにRISC（Reduced Instruction Set Computer）と呼ばれる独自のアーキテクチャのCPUが採用されるよ

うになると、各社がそれぞれ別個に開発したCPUになった。IOのインタフェースも業界で統一化されているとは言えないが、オープンなものであった。OSはUNIXで統一化されているが、各社でカスタマイズされていた。製品アーキテクチャでいうとクローズド・モジュール型に近いオープン・モジュール型であったと言える。

これに対して1990年代の半ばにWindows95と文書作成ソフトのOfficeが発売されると、パソコンがコンピュータ市場の主流になり、ハードウェアはインテルが、ソフトウェアはマイクロソフトが業界を主導するようになった。

インテルはメモリのインタフェースとしてDDR (Double Data Rate)、外部のIOインタフェースやグラフィックス・ボードのインタフェースとしてPCI (Peripheral Component Interconnect) を、ほかにもオーディオのインタフェースや、外部メモリのインタフェースであるUSB (Universal Serial Bus) など、さまざまのインタフェースをインテルが独自に決め、それをオープンにしてパソコンの内部インタフェースのデファクト・スタンダード（業界標準）となった。これらのインテルが規定したインタフェースに繋がるメモリやIOを作れば、インテルの提供するCPUチップやブリッジチップに繋がるようにし、メモリやIOの製造会社に競合させてより低価格にしたのである。

マイクロソフトも同様に、自社のOSであるWindowsのアプリケーション・インタフェースを公開し、多くのソフトウェア・ベンダーにアプリケーション・ソフトウェアを作ることができる環境を提供した。また、マイクロソフトは文書作成のアプリケーション・ソフトウェアとしてOfficeというソフトウェアを事業化した。Officeはそれまで別々の会社が別個に販売されていた3つのソフトウェアである、ワープロのワード、表計算のエクセル、プレゼンテーションのためのパワーポイントをセットで低価格で販売し始め、これらのマーケットをほぼ独占してしまった。

このようにしてパソコン業界は、ハードウェア、ソフトウェアのインタ

フェースが公開されているオープン・モジュール型の製品になった。これにより、ハードウェア、ソフトウェアとも多くのベンダーが参入して開発競争が行われ、ほぼ独占状態の CPU／ブリッジチップと OS／Office 以外の分野では価格競争が激しくなり、ひいてはパソコンの値段が安くなってパソコン市場を拡大させた。市場が巨大になったために特に標準インタフェースに繋がる各社のメモリや IO の開発競争が激しく、顧客を十分満足させることのできる高性能なものとなり、どの製品も似たり寄ったりで差別化が難しくなってきた。このような過当競争が進んで価格だけで競争するコモディティ化している。つまり、オープン・モジュール化が突き進んでコモディティ製品になったのである。

◇コンテナによる海運

　コンテナによる海運の話はマルク・レビンソンの著書[19] に詳しく述べられている。その内容を要約しながら、分析してみる。

　コンテナが現れる前は埠頭には大きな倉庫や工場があり、そこから貨物船に積み出しや積み降ろしが行われていた。仲仕と呼ばれる人たちが重い荷物を担いで船と陸とを往復して荷物を運んでいた。当時、荷役の仕事は海運の輸送費の約半分を占めていた。

　コンテナは最初、米国の鉄道で生まれた。コンテナの貨車が集まる操車場でコンテナ毎に貨車をつなぎ替えることによって荷物を積み替える必要がなくなった。その後、ユトランド半島と多くの島々からなるデンマークの内航航路で食品をコンテナで運ぶ海運が始まった。

　本格的なコンテナによる海運は米国で始まった。マルコム・マクリーンはトラック輸送の事業をしていたが、1955 年にトラックをすべて手放し、海運会社を買収し、コンテナによる海運を始めたのである。港では仲仕ではなくクレーンによって素早くコンテナを積み替え、スピーディな海運を実現した。1960 年に会社の名前をシーランドとし、経営も黒字になった。そのため、マクリーンは「コンテナリゼーションの父」と呼ばれている。

かつては荷役が航路運賃の半分を占めていたが、マクリーンがコンテナによって海運のモジュール化を行い、積み替えをスピーディに行うことによって大幅な費用削減を成し遂げたのである。

　マクリーンが行ったのは自社内でのコンテナによるモジュール化であり、クローズドなモジュール化であった。コンテナを使った海運は迅速な荷物の積み替えができて非常に効率的なので、米国海事局が 1961 年にコンテナの規格を作った。さらに 1964 年には同じ規格が国際標準の ISO（International Organization for Standardization）規格になったが、その規格はシーランドの規格とは異なっていた。米国政府や ISO によって規格が制定されると完全にオープン・モジュールのビジネスになってしまった。それによってコンテナは国際航路にも使われて市場が拡大し、多くの海運会社が参入してきた。特に難しい技術もないので、多くの海運会社が参入することができたのである。このようなオープン・モジュール化によって多くの海運会社による運賃の値下げ競争が激化し、次第にだれも儲からない事業になってしまった。その結果、経営破綻や統合が繰り返され、シーランドも 1969 年に米国のたばこ会社に買収された。マクリーンはそのたばこ会社で海運の仕事をしていたが、それでもまだあきらめきれなかったのか、1977 年に US 海運を買収して、再度、コンテナの海運に挑戦したが、1986 年に US 海運は倒産している。

　マクリーンは次のようなことばを残している。「コンテナは船会社に途方もない損害をもたらしたが、荷主には大きな利益を与えた」と。コンテナで海運をするということはすばらしいアイデアであったが、そこにはこれといった技術がなかったので、国際標準が決まってしまうと多くの企業が参入してきて、オープン・モジュール型のビジネスになったのである。コンテナで運ぶことで荷主に対して差別化できるものがないので、激しい価格競争が起こり、一気にコモディティ化してしまい、船会社はどこも儲からなくなったわけである。

　日本でも海運大手の日本郵船、三井船舶、川崎汽船がコンテナ輸送を行

っていたが、利益が出ないので、2017年に運搬料金を5~15%値上げし、3社のコンテナ事業を統合してしまった。最近、それで利益が出始めているが、グローバルな競争が激しくて利益の出にくいビジネスになってしまったのである。

◇シャープの液晶テレビ事業

　かつてのテレビは表示装置としてブラウン管が使われ、信号は NTSC（National Television System Committee）信号と呼ばれるアナログの信号からカラーの画像を生成していた。ブラウン管の製造には高度な製造技術が必要で、NTSC信号から鮮明なカラー映像を作るにもやはり高度な信号処理技術が必要であった。かつての日本の電機メーカーは改良を重ねて高品質のテレビを作り、クローズドな垂直統合型の事業として成功し、世界中で多くのテレビを売った。

　シャープはブラウン管を製造していなかったが、テレビの組み立て事業は行い、比較的低価格のテレビを販売していた。しかし、シャープは「将来、ブラウン管がすべて液晶に置き換わる」と早くから宣言し、液晶開発に投資をし続け、優れた液晶を造れる会社にいち早く成長した。以後、シャープは液晶事業で成功し、しばらくは順風満帆の経営を続けた。しかし、その後、経営に失敗してしまったが、そのことについては中田行彦の著書[24]に詳しく記載されているので、内容を要約しながら分析してみる。

　シャープは液晶事業が軌道に乗り始めたために、2002年に三重県の亀山市に巨大な亀山工場を作り、液晶パネルと液晶テレビを製造できる垂直統合型ビジネスとして液晶テレビの事業を拡大していった。亀山工場で作られた液晶テレビは亀山モデルと呼ばれ、その後の10年程度は順風満帆の経営が続き、国内の大手電機メーカーではトップクラスの利益率を確保していた。

　しかし、液晶は画素毎に輝度が調整されるのでデジタルに向いており、ハイビジョンテレビのためのテレビ映像のデジタル圧縮伸長方式である

MPEG（Moving Picture Experts Group）2 が標準化されると MPEG2 の信号を映像信号にするデコーダ・チップと液晶パネルを組み合わせ、電源を持ってくればハイビジョンの高解像度テレビが組み上げられるようになった。実際に東京のダイナコネクティブという従業員 25 人の小さな会社が 2008 年にサムスンの液晶パネルを使って 32 インチで 5 万円を切る価格でハイビジョンのテレビを売り出している。当時は 1 インチ 1 万円を切ることが目標になっていた時代であった。液晶の画質などに問題はあったが、とんでもない超低価格のテレビが出現してしまったのである。これによってそれまではクローズドな統合型ビジネスで高収益な事業だったテレビ事業が一気にオープン・モジュール型ビジネスになり、低収益の事業になってしまったのである。シャープは堺工場に対しておこなった莫大な投資も重荷となって、液晶テレビ事業が赤字の事業となってしまい、莫大な負債を抱え、その後台湾の鴻湾精密工業から巨額の投資を仰ぎ、その傘下に入ったことは記憶に新しい。

　デジタルになるとオープン・モジュール型のビジネスへ進み易くなる。そうなると一気にコモディティ製品へと進む。シャープは MPEG2 を使ったデジタルテレビが NTSC のアナログ信号を使った旧来のテレビと同じように垂直統合型ビジネスとして進んでいくと考えていたが、世の中はそうではなかった。デジタルテレビは標準化された MPEG2 に従って伸長すれば鮮明な映像信号が得られる。液晶パネルはメーカーによって当初は品質に差があったが、徐々に改良され、どのメーカーの液晶パネルも鮮明な映像を表示できるようになった。一方で MPEG2 のデコードチップのメーカーが現れ、どの会社も容易に入手できるようになった。そうなると液晶パネルと MPEG2 デコードチップ、そして電源を繋ぐとデジタルテレビが組み上がるようになってしまった。このようにして液晶テレビはオープン・モジュール型製品になってしまい、どのメーカーもそれなりの品質のテレビを組み上げることができるようになり、競争軸は価格だけになってしまったのである。消費者は大型の液晶テレビを低価格で購入することができ

るようになり、マーケットは拡大していった。しかし、メーカーは価格競争が激しくなって低コストで生産できる中国などに生産拠点をシフトし、利益も少なくなっていった。シャープは亀山工場に続く堺工場に莫大な投資を行ったのが重荷となってしだいに経営が悪化し、難しい経営状況へと突き進んでいったのである。

かつてのNTSC信号によるアナログテレビは垂直統合型のクローズドなビジネスであった。シャープはMPEG2の高解像度なデジタルテレビでも同じ垂直統合型のクローズドなビジネスとしてやっていけると考えていたところに大きな失敗の原因があった。実際はオープン・モジュール型のビジネスになってしまい、低価格化が一気に進んでしまったのである。そのために価格競争に陥ってしまい、薄利多売の事業になってしまったのである。このようなことは後から分析すればわかるが、ビジネスを進めているときにはそのようなことはなかなか気が付かないものである。ただ、デジタルになるとオープン・モジュール型のビジネスになり易いということは肝に銘じておいた方がよい。

先進国のオープン＆クローズド戦略

製造業の会社が自社技術をオープンにするということは内部のインタフェースを開示することである。オープンにしたインタフェースに繋がる部品やモジュールを価格競争させることによって部品やモジュールの価格を安く供給させ、装置やシステムの価格を低くすることができる。また、製品の価格が下がれば、マーケットを大きくすることができる。しかし、オープン化しても勝てる戦略を持っていないと失敗してしまう。先に述べたようにオープン・モジュールのビジネスで勝つには2つの方法しかない。一つはオープンにしたインタフェースに繋がるモジュールを最も「低価格で提供できる仕組みを持っていること」、もう一つは装置やシステムの中のモジュールで、「他社が真似できない高度な技術を保有し続けること」である。

次に、パソコンのハードウェアの事例について述べる。前者の「低価格化」については、モジュール化されて手間のかかるハードウェア製品の製造を中国や東南アジアなどの新興国やそれを手掛ける台湾や韓国の企業が強く、旧来の先進国で生産して低価格を維持することは難しい。旧来の先進国の企業も中国や東南アジアなどの国での生産に頼ることになる。したがって、ハードウェアでオープン化するということはオープンにしたインタフェースの先に繋がる製品は自国の工場では生産せずに新興国での生産に任せるという覚悟も必要になることもある。

　後者の「高度な技術の保有」については、インテルはパソコン向けに CPU チップとさまざまなインタフェースを担うブリッジチップの 2 つを保有する。これら 2 つのチップからは IO やグラフィックスのインタフェースである PCI、メモリを制御する DDR、その他にオーディオインタフェース、USB インタフェース、シリアルインタフェースなどが出力されているが、インテルはそれらのインタフェースに繋がるチップやデバイスは事業としていない。これらのインタフェースに繋がるチップは他の多くの企業に任せ、性能や価格を競わせることによってパソコンの性能を上げるとともに、価格を下げ、それによってパソコンの市場を拡大させ、インテルの CPU やブリッジチップがより多く出荷されるようにしているのである。このようにインテルはパソコンのハードウェアのアーキテクチャでは主導的な役割を果たしてきたが、最近、AMD が台湾の TSMC の製造ラインを使ってより低価格のチップを供給し、その互換チップセットでマーケットシェアを伸ばしているようである。したがって、近年はインテルと AMD でパソコンの CPU とブリッジのチップ市場を独占している。

　パソコンでのゲームや CAD（Computer Aided Design）などで使われるグラフィックス・ボードは PCI に接続されるが、グラフィックス・ボードは技術が高度であり、伝統的に米国のメーカーが強く、現在ではパソコンにおいても nVidia と AMD の 2 社でほぼ独占している。1990 年代後半のパソコン・グラフィックスの黎明期には多くのベンダーがいたが、淘汰さ

れて現在は業界にはこの 2 社しかいなくなってしまった。パソコン・グラフィックスの技術は高度であり、2 社で独占しているような状態ではハードウェアは大きな低価格化は起こらない。無理なシェア拡大よりも利益の最大化を狙うからである。

　ソフトウェアにおいては、オープン・モジュール化されたインタフェースに繋がるソフトウェアは旧来の先進国でも開発し続けることができる。これはソフトウェアそのものが複雑で知的作業に頼ることが多いために旧来の先進国でも製造される。ソフトウェアは一旦作ってしまい、顧客に使われ始めると次から次へと改良し、バージョンアップすることによって顧客を繋ぎとめておくとともに他社の参入を躊躇させることができる。マイクロソフトでも Windows OS と、オフィスで使われる文書作成アプリケーション・ソフトウェアである Office など、それに繋がるさまざまなアプリケーション・ソフトウェアの事業で成功している。基本的に汎用的に使われるソフトウェアの開発は多くが先進国で行われている。

　後者の「他社の真似できない高度な技術を保有し続ける」ためには継続した投資と改良開発、そのブラックボックス化が必要である。パソコンで言えば、インテルの CPU とブリッジチップ、マイクロソフトのウィンドウズ OS や Office である。これらの技術は高度な技術である上に、継続して開発されて定期的にアップグレードされている。また、技術の内部はブラックボックス化されており、外部からは見えない。さらにインテルとマイクロソフトはオープンにしたインタフェースの技術はだれもが認めるパソコンのデファクト・スタンダードであり、その技術は常に自分たちでコントロールすることができる。そのようなわけで他社は簡単に真似できないのである。「他社の真似できない高度な技術を保有し続ける」ために必要なことをまとめてみると次のようになる。

　(1) 継続した投資と改良開発、定期的な製品のアップグレード
　(2) 技術のブラックボックス化
　(3) オープンにした技術をコントロールする力の保持

自社に高度な技術があってこの技術は真似されないだろうと考えていても、何もせずに同じところに留まっていてはいずれ真似されてしまうと考えた方がよい。高度な技術を保持し続けるためには継続した投資と改良開発、そして定期的な製品のアップグレードが必要である。また、自社が常に技術的な優位を維持するためには重要な技術をブラックボックス化する必要がある。さらにオープンにした技術も改良する必要が生まれることがあるが、その変更やアップグレードをコントロールする力を保持し続けることが必要である。何の戦略もなく、ただ技術をオープンにしてしまえば、業界の盟主の地位は奪われ、マーケットシェアを減らしてしまう可能性がある。

　先進国では人件費が高く、低価格化で新興国と競合するのは不利であると考えれば、インタフェースのオープン化はしないという戦略もある。クローズドな統合型か、クローズド・モジュール型までに留めるという戦略である。しかし、市場の力学でオープンになってしまうものもあるので、その見極めをしっかりする必要がある。

【ポイント】
・ モジュール型製品の内部インタフェースを公開して他社の部品やモジュールを接続できるようにするのがオープン戦略である。統合型製品にはオープン戦略はない。
・ 内部インタフェースを公開しないで自社で部品やモジュールの接続をするのがクローズド戦略である。クローズド戦略には統合型、モジュール型のいずれもある。
・ 最初、製品はクローズド統合型から出発し、ビジネスが大きくなるにつれてクローズド・モジュール型へ、そしてオープン・モジュール型へと進化することがある。オープン・モジュール型が発展すると価格だけが競争軸となるコモディティ製品になることがある。
・ オープン・モジュール型からコモディティ製品になると、価格低下が

進展し、顧客の購買意欲をそそり、市場は大きくなる。それによって顧客は大きなメリットを享受する。

- オープン・モジュール型あるいはコモディティ製品の分野で勝てるのは、「他社が真似のできない高い技術の製品」を持つ企業か「低価格競争で勝てる」モジュール製造会社や組み立て企業だけである。低価格競争をする企業は薄利多売で戦うこととなり、それができなければ撤退に追い込まれる。
- デジタル製品は経験的にオープン・モジュール型からコモディティ製品になり易い。
- 機械製品やアナログ製品は統合型製品として発展していくことが多い。
- ハードウェア製品がモジュール化され、そのインタフェースがオープンになると低コストでの生産が得意な台湾や中国、韓国などの新興国が参入してくる。
- 先進国においてオープン・モジュール製品で真似のできない高い技術を維持するためには、(1)継続した投資と改良開発、製品のアップグレード、(2)技術のブラックボックス化、(3)オープンにした技術をコントロールする力の保持が必要である。
- 先進国においては、人件費が高く、低価格化で新興国と競合するのは不利であると考えれば、インタフェースのオープン化はせずにクローズド・モジュール型までに留めるという戦略も必要になる。

7.1.3 オープン技術を作る標準化

　技術が多様化し、さまざまな製品が結合することが求められてくると、一社で統合的にすべてを供給することは困難になる。そうすると異なった企業の製品を繋ぐために標準化の作業が行われる。特に通信の分野などではデータをいろいろな企業のさまざまな機器で送受信されるので標準化が

167

必須になる。

　標準化の種類にはデジュール標準、デファクト標準、フォーラム標準の
3種類がある。これら3種類の標準化について以下に簡単に説明する。

(1) デジュール標準

　　デ・ジュリとはラテン語で「法令上の」という意味があり、デジュー
　　ル標準とは公的な標準化組織によって定められる標準である。電機分
　　野ではIEC (International Electrotechnical Commission：国際電気標
　　準会議)やIEEE (Institute of Electrical and Electronics Engineers：
　　米 国 電 気 電 子 学 会) 、 ISO (International Organization for
　　Standardization：国 際 標 準 化 機 構)、 ITU (International
　　Telecommunication Union：国際電気通信連合)など、多くの標準化組
　　織がある。

(2) デファクト標準

　　事実上の標準であり、市場でシェアが大きい製品の技術が市場の原理
　　によって事実上、標準になってしまうようなものである。市場で圧倒
　　的に強い技術を保有する企業が主導することになる。

(3) フォーラム標準

　　特定の業界において関係する複数の企業が集まって定められる標準で
　　ある。

　デジュール標準は公的な機関によって標準化委員会が開催され、そこで
標準化技術が決定される。したがって、その標準化委員会に出席する委員
は自社で特許化した技術が標準化されるように標準化委員会で議論して戦
うのである。そのためには、事前に標準化されそうな技術を特許として出
願しておき、万全の準備をする必要がある。特許はパテント・プール方式
とされることが多く、製品化されたときに支払われるライセンス料は一旦
プールされ、特許の数に応じて分配される。標準化された特許を持たずに
標準化された技術を使って製品化すると、ライセンス料を支払うだけでライ
イセンス料がもらえず、ライセンス収支が赤字になるので、しっかりした

戦略を立てる必要がある。

　デファクト標準は先に市場を支配した企業の方式を標準にする。たとえば、パソコンのハードウェアは CPU をほぼ独占していたインテルがハードウェアの外部インタフェースを定義し、それが標準になった。IO バスとして PCI を、外部のインタフェースとして USB を、メモリには DDR などのインタフェースはすべてインテルが定義し、事実上の標準とした。CPU の分野ではインテルは強力であり、その CPU に繋ぐためにはインテルが決めたインタフェースで繋ぐしか選択肢がないのである。

◇VTR のデファクト標準化

　かつて日本の電機メーカーはVTR (Video Tape Recorder)の記録方式で、VHS (Video Home System) 陣営とベータ・マックス陣営の二つに分かれてその主導権争いを行った。VHS は日本ビクターが開発した技術で、VHS 陣営にはパナソニック、シャープ、三菱電機、日立、船井電機が加わった。ベータ・マックスはソニーが開発した技術で、その陣営には東芝、三洋電機、NEC、富士通ゼネラル、アイワ、パイオニアが加わった。VHS 陣営が主に関西系、ベータが主に関東系であった。

　VTR に 2 つの陣営があると、ビデオコンテンツ・メーカーはいつまでも 2 種類のテープを作らないといけないし、レンタルビデオ・ショップは同じコンテンツで 2 種類のテープを置かなくてはならないという不便さがあり、両方が生き残ることはあり得なかった。そのために熾烈な市場獲得競争が繰り広げられた。結局、VHS 陣営の日本ビクターの方が OEM 販売に積極的で仲間作りがうまかったし、パナソニックを始めとして系列店が多かった。また、VHS の方が部品点数は少なかったし、VHS は当初から 2 時間録画ができたなどの理由により、徐々にビデオコンテンツ・メーカーが VHS に一本化していき、最後は VHS がデファクト標準となり、ベータ・マックスは市場から消えた。

デファクト標準の場合、市場を支配するための戦略が必要である。圧倒的なマーケットシェアを獲得すればデファクト標準になる可能性は高いが、競合が激しい場合には顧客の立場でシェアを伸ばすためにはどうしたらいいのかということを考える必要がある。

フォーラム標準は利害関係にある企業が集まってその標準を決めるものであり、近年、その利便性と重要性が高まっている。Web 技術の標準化を行っている W3C (World Wide Web Consortium) や、ドイツが国を挙げて進めている、製造業のデータやコンピュータ化の標準化であるインダストリー4.0 はフォーラム標準である。

【ポイント】
・ 標準化にはデジュール標準とデファクト標準、フォーラム標準の 3 種類がある。
・ 公的な標準化組織によって定められる標準がデジュール標準である。デジュール標準の標準化委員会では各社が自社の特許を標準にするための議論が繰り広げられる。
・ 市場で圧倒的なシェアと技術力を保有している企業の技術が事実上の標準になることをデファクト標準という。
・ 特定の分野で関係のある複数の企業が集まって定める標準がフォーラム標準である。

7.2 オープン・イノベーション

オープン・イノベーションとは社内に限らず、社外のノウハウや技術も活用してイノベーションを効率よく推進することであり、ヘンリー・チェ

スブローが提唱し、その著書(12)に詳しく述べられている。

　オープン・イノベーションに対比される概念としてクローズド・イノベーションということばがある。クローズド・イノベーションは社内だけですべての技術を開発して垂直統合型のイノベーションを実現しようというものである。かつての大企業にはすべての技術を自社で開発し、他社とは連携しないでイノベーションを実現しようとする企業が多かった。しかし、技術の多様化とグローバル化などによって複雑でスピーディな開発が求められてきており、それに対応するためにはすべてを自分たちで作る自前主義で対応することは難しくなり、オープン・イノベーションが議論されるようになったのである。

　ここで、一つ注意しておきたいことがある。それは自社に技術やノウハウがあればそれを使うことに越したことはないし、できるだけ自社技術を使うようにするべきであるということである。また、現在、自社にない技術でも比較的容易に開発できるなら自社で開発するべきであろう。そのようにして開発した技術はコア技術となり、それを発展させることによって別の事業や次の製品の開発に利用できる可能性があるからである。

　大企業の場合、事業毎の縦割りの組織になっていることが多い。場合によっては事業部門毎に研究所を持っていたり、情報交流が少ないために他の事業部門の研究所で何をしているのかよく知らなかったり、使いたい技術があっても使いづらい雰囲気になっていることもある。そのためにわざわざ外部の企業の技術を使うというようなことも聞く。他社の技術を使ってしまうとその技術はブラックボックスになって、問題が発生したときにはその会社に対応してもらわなくてはならないし、改良する場合にいつまでもその会社に依頼して対応してもらわないといけないので、煩わしいことも増える。

　ただ、先にも述べたように最近では開発スピードが重要で、自社にそのような技術がない場合とか、技術的にも他社のものが優れていてそれを活用した方がよいとなれば、他社と協業して開発するという選択肢が生まれ、

オープン・イノベーションを実行することになる。企業の中でさまざまな局面で目標を達成するために自社技術だけでは対応できないときに開発を止めてしまうというのではなく、オープン・イノベーションによって目標をスピーディに達成するべきである。

他社、自社の知財を適正な対価で相互に活用

　チェスブローの著書(12)の中でも強く述べられていることが知財を相互に使って産業界全体の効率を上げようということがある。ここで、知財とは知的財産権であり、特許や商標として登録することによってその使用権が守られるものである。

　日本の企業では特許は主に自社製品を守るために保有していることが多い。自社製品が他社の特許に抵触していると権利行使されることがあるが、そのときに自社には優れた特許があって、それで反撃するとか、自社製品を守ろうとし、和解に持ち込もうとする。あまり権利行使などをして係争を起こしたくないというのが本音だろう。ただ、知財権で自社より規模が小さく、技術的にも劣りそうな会社や新興国の企業には権利行使をしているようである。

　企業社会全体で考えれば、いい特許があればその特許はできるだけ多くの企業に使ってもらった方が企業社会全体の効率はいい。いい特許が生まれれば、その特許を自社で使えればいいが、使えない特許でも他社が使いたいとなれば、積極的に他社に適正な対価で活用してもらった方が企業社会全体でみれば効率がいいわけである。逆に他社にいい特許があって、自社製品がその特許に抵触しそうなときは他社に出かけて行ってその特許を適正な対価で使わせてもらうということがあってもいいはずである。このように企業社会全体の効率化とイノベーションを推進するために他社、自社の特許を相互に適正な対価で活用できるようにしようというのがチェスブローの考え方である。

　伝統ある大企業では他社から技術を導入することに抵抗感を感じる人も

いるかもしれないが、スピーディな経営が求められる現代においてはそんなことは言ってはいられない。必要な技術やノウハウを適正な対価でスピーディに調達することが企業競争に勝つことに繋がる。

産学連携の推進

　さて、日本ではオープン・イノベーションというと企業と大学との連携である産学連携を指すことが多い。産学連携もオープン・イノベーションの一つであることは間違いない。企業にとって大学は異業種であり、競合していないので手を組み易い。煩わしい契約や技術の所有権の問題も少なそうである。日本の著名な大学も 2000 年前後から産学連携室とか産学連携推進本部というような名称の組織を立ち上げ、企業との連携や技術のランセンスを推進するための組織が作られている。しかし、残念ながら日本では大学と企業との連携がうまくいって大きな成果を上げているケースは少ないように見える。

　その理由の一つは日本では企業からの大学に対する寄付金や委託研究費の額が極めて少ないことがあげられる。企業が大学の研究にあまり依存していないようだし、連携するような仕組みや交流も行われていないように見える。企業は大学の産学連携室に費用を支払って、連携を深めるための手助けをしてもらう必要がある。その企業に関係する大学の研究を紹介してもらうとか、いい研究があれば産学連携室を通じてその研究室に十分な研究費を寄付して研究の交流を深めるような活動が必要である。

　大学側としては大学の研究アクティビティを企業に対して積極的にアピールしているかどうかという課題がある。テーマや研究所毎に発表会やオープンラボを開いているようだが、企業の重要なポジションの人を招待して積極的にアピールするような活動が必要だろう。著名な大学はそれなりにそのような企業向けのアピールはしているが、企業からそれなりの地位の人をそのような発表会やオープンラボに招いて連携を深め、自分たちの技術を企業に使ってもらうような努力をしているかどうかである。

筆者は大手電機メーカーにいたとき、ボストンの隣のケンブリッジにある現地会社に駐在していた。ケンブリッジには MIT（Massachusetts Institute of Technology：マサチューセッツ工科大学）とハーバード大学がある。

　MIT には ILP（Industrial Liaison Program）という部署があり、企業との窓口になってくれる。費用は年間数百万円かかり、決して安価ではないが、さまざまなサービスをしてくれる。まず、MIT で行われる講演会などの案内が送られてくるので、興味があれば行くことができる。企業毎に担当者が決められており、その担当者からときどき何かすることはないかなどと直接メールが送られてくることもある。企業からは ILP に対してたとえば特定のテーマで大学の研究室を紹介してほしいと言えば、いくつかの研究室を紹介してくれるので、希望する研究室を言えばその研究室を訪問するアレンジをしてくれる。研究室側も委託研究費や寄付金がもらえる可能性があると思えば、積極的に丁寧に対応してくれる。また、大学の教授にコンサルタントとして非常勤で来てほしいといえばそれもアレンジしてくれるし、企業内での講演なども依頼すればアレンジしてくれる。米国の大学の教員は週に 1 日程度なら企業で働くことは一般に認められており、許可も報告も不要である。

　大学のいろいろな研究室のアクティビティを知った上で、ある研究室に優れた技術があってそれをライセンス導入したいとなれば TLO（Technology Licensing Office）の担当者にコンタクトすることになる。TLO では分野別に専門家がいて対応してくれる。

　MIT の ILP と TLO をインターネットで調べてみるとそれぞれ 40 人から 50 人ぐらいはいるようである。メールアドレスがインターネットでオープンになっており、聞きたい専門家に直接メールを送ることもできる。

　このように米国の著名な大学は企業に対してオープンであり、企業との連携のための組織とそのサービスは充実しており、産学連携はすでにうまくいっており、改めて議論する必要はないようである。

ベンチャー企業に投資し、最新技術を獲得

　米国の大企業には前にも説明した CVC という部署があり、ベンチャー企業を特に資金や経営の面で支援し、新しい技術の育成を図る。ベンチャー企業に対する資金は資本金の増資という形で投入されることが多く、将来その大企業にとって有用で優れた技術だとみなされればどんどん資金が投入され、最終的にはベンチャー企業を買収してしまうことがある。できあがった技術が優れていれば買収した大企業が自社の製品に使うか、新しい事業が開始されることになる。日本では買収されることにネガティブなイメージを持つ人もいるかもしれないが、投入した金額に比べて高額で買収されれば成功である。IPO (Initial Public Offering：株式公開)による株式市場への上場はもちろん大成功であるが、大企業によって買収されれば、ベンチャー企業の人たちはストック・オプションなどで保有する株式を売却することによって、時には巨額の富を手にすることができる。

受託生産による製造の水平分業

　クローズド・イノベーションを行う大企業では研究開発から製品企画、製造、物流、販売までのすべてを自社で行うことが普通であった。図 7.2.1 は一般的な製造業のバリューチェーンであるが、大企業ではこの付加価値の連鎖のすべてを単独で担うことが一般的であった。

研究開発　製品企画　製品設計　資材調達　製造組立　品質保証　物流　販売　保守

図 7.2.1 製造業のバリューチェーンと日本の製造業が強かった部分

　かつて日本がエズラ・ヴォーゲルの著書(2)にもある ”Japan as Number 1” などと言われ、世界の先進国に日本の製品があふれていたことがあったが、そのときに日本が強かったのは製造の部分である。図 7.2.1 のバリュ

ーチェーンで言うと太線で示された製品設計、資材調達、製造組立、品質保証の部分である。ムダを徹底的に省き、効率化を徹底的に追及して、低コストでしかも高品質な製品を造り上げる手法を作り上げたのである。1980年代から90年代にかけて日本の工業製品は先進国で最も安くて高品質になり、日本の製品は世界中で売られるようになったのである。よく時価総額の企業ランキングで比較されるが、日本企業の絶頂期である 1989年の時価総額上位 10位までに日本企業の 7社が、50位までに 32社がランクインしていたのである。今から思うと驚異的であるが、その原動力は日本の製造業が効率化を追求して低コストと高品質を実現した結果であった。参考までに約 30年後の 2018年には日本企業は 10位までには残念ながらゼロで、50位までにはトヨタ自動車の 1社が入っているだけである。

◇台湾の EMS

　電子機器の製造だけを担う受託生産の企業を EMS（Electronics Manufacturing Service）と呼ぶ。もともとは米国で発展した事業で、米国の最大手であったソレクトロンがより低賃金のアジアに生産拠点を設けて世界的に広がった。

　台湾では古くからインテルの CPU チップが搭載されたパソコンのマザーボードを低コストで製造していた。そのような台湾の企業は、最初はマザーボードだけを生産していたが、徐々にパソコンの組み立てまで受託するようになった。パソコンの組み立てそのものは技術的に難しいわけではなく、低コスト化を実現することが重要であった。そのためにはしっかりしたサプライチェーンを構築し、大量に生産することが大切である。台湾企業がパソコンの製造を事業として確立すると、パソコンと形状のよく似た電子機器の製造を受託し、低価格で高品質に製造できるようになっていった。よく似た電子機器とはプリント基板に表示装置や記憶装置などの入出力機器が接続されたもので、ゲーム機、通信装置、デジタルテレビ、スマートフォンなどの電子機器である。これらの電子機器は台湾の EMS が

受託し、保有する中国などの工場で、低コストで製造されるようになり、その事業が拡大していった。

　台湾の代表的な EMS として日本のシャープを買収したホンハイはその企業規模において別格であり、たとえば 2018 年の売上げは 19 兆円弱、営業利益は 5000 億円弱である。台湾には企業規模ではホンハイほどではないが、他にペガトロン、クアンタ、コンパルなどの EMS の巨大企業がひしめいている。

　EMS は図 7.2.1 のバリューチェーンの図で実装面での製品設計、資材調達、製造組立、品質保証、物流を担当する。それら以外の部分は装置メーカーが担当する。よく見ると、台湾の EMS が担当している部分はかつて日本の電子機器メーカーが強かった部分と一致する。ちょうど、日本の電子機器メーカーの強かった部分だけを切り出して事業化したようなものである。米国の装置メーカーは製造ラインを持たなくても台湾 EMS に委託することによっていち早く製品の製造を立ち上げることができる。実際、パソコンやゲーム機の X ボックスを販売しているマイクロソフトや通信機器のシスコ、パソコンやスマートフォンなどのアップルは工場を持たない。アップルは小規模な工場を米国に保有しているようだが、大量生産はホンフハイに委託している。ホンハイの生産の半分はアップル対応であるとも言われている。このように電子機器の装置メーカーと製造組立の EMS による効率的な分業体制が成立したことによって日本の特にコンシューマー・エレクトロニクスのメーカーは大打撃を被ったのである。

　日本では電子機器メーカーに限らず、製造業は製造現場を大切にする。これはかつて 1980 年代から 1990 年代の始めにかけて日本の製造業が成功した源泉が効率と高品質を追求した製造現場だったからである。今でもそのように考えている経営層は多い。そのためにそう簡単に自社の製造現場を見限って台湾の EMS に頼るわけにはいかないという意識が強いように見える。しかし、台湾の EMS はコスト耐力が強く、日本の電機メーカー

は特にコンシューマー・エレクトロニクスの分野で競争力を低下させているのも事実である。

◇TSMCによるLSIの受託生産

　台湾のTSMC (Taiwan Semiconductor Manufacturing Company Ltd.) はシステムLSIの受託生産をするファンドリである。顧客はTSMCが提供するLSIのルールに従って記述言語を使って設計し、そのデータをTSMCに渡せば、LSIができてくる。TSMCはLSIの製造プロセスにその技術力を注力しており、最先端の微細化プロセスを実用化している。それによって、低コストで高性能なLSIを顧客に提供することができるわけである。TSMCの時価総額は半導体製造の分野では世界トップクラスでインテルと肩を並べるほどになっており、2018年の売り上げは3.7兆円、営業利益は1.4兆円弱で、利益率が非常に高い。

　かつて日本の製造業が世界を席捲していたとき、半導体産業においても日本企業が圧倒的に強かった。1989年の半導体売り上げの世界トップ10に日本企業は6社が名を連ね、トップ20には10社がいた。特にDRAMの市場シェアは日本企業で世界の約80%を占有していた時期があったが、システムLSIについてもその生産量は高かった。日本のシステムLSIメーカーでは顧客とのインタフェースは仕様書であり、仕様書で確認を取った後はLSIの設計は一から日本企業が行っていた。しかし、しだいにLSIの記述言語がしっかりしてくるようになると、顧客がLSIを設計するようになり、記述言語でインタフェースされるようになった。つまり、LSIメーカーは論理設計に専念し、LSIファンドリは製造だけに専念すればいいようになり、LSI製造の水平分業がうまく確立されたのである。日本のシステムLSIメーカーは製造だけをするファンドリ・ビジネスに特化することができず、システムLSIの市場シェアを徐々に減らし、日立、三菱電機、NECのシステムLSI事業がルネサス・エレクトロニクスという一社に統

合されてしまった。最近では事業内容も安定してきており、2018 年の売上げが 7500 億円、営業利益が 670 億円であるが、TSMC に比べると売上げ、利益ともにその差は大きい。

コンセプト設計、デザインを委託

おおよその製品イメージはあるが、具体的にどんな製品を企画したらいいのかよくわからないという課題を持っているときに、その製品コンセプトやデザインを外部の企業に委託するというものである。図 7.2.1 で示されるバリューチェーンの上流の「製品企画」の部分を外部の企業に委託するというものである。

◇シリコンバレーの IDEO

米国ではシリコンバレーのデザインコンサルティング会社である IDEO という会社が有名である。IDEO では人間工学、工場デザイン、機械・電気・電子工学の専門家がいて、さまざまな委託されたデザインを行っている。アップルの初期のマウスや、PDA (Personal Digital Assistant) の PalmV などのデザインが有名である。今までに数千のプロジェクトを行っている。

オープン・イノベーションを阻害する NIH 症候群と NSH 症候群

オープン・イノベーションはクローズド・イノベーションの考え方や意識が企業の中でまん延していると進まない。クローズド・イノベーション的な考え方としてここでは NIH (Not Invented Here) 症候群と NSH (Not Sold Here) 症候群を説明する。

NIH 症候群とは企業が何かを製品化するとき、その製品に必要な技術やアイデアが自社で生まれたものではなく、他社が開発したものだとその技術やアイデアは採用しない、あるいは採用したがらないことである。そのために、一からすでに他社にある同じ技術を開発することになることが

179

ある。閉鎖的なクローズド・イノベーションの企業風土で、何でもかんで も自前で揃えようとする垂直統合型の大企業にありがちである。大企業と してのプライドや技術者の他社には頼らないで自分たちで作りたいという 欲求を単に満足させるためにこのような考えが起こる。

　NSH症候群とはある企業が優れた技術を開発したとき、他の企業がその 技術をランセンスによって使わせてほしいという申し出があっても使わせ てあげないというものである。そのアイデアや技術が優れているので自社 製品に使って差別化し、一発逆転のシェア拡大を狙うことができると考え、 他社にはライセンスしないという考え方である。その技術が基本技術なら 古い技術に置き換えることによって大きく市場シェアを取ることができる かもしれない。また、市場の成長期なら成長する市場から大きなマーケッ トシェアを獲得することができるかもしれない。しかし、成熟した市場で の付加的な技術だと多少の市場シェア拡大は望めるが、大きな市場拡大が できるかどうかはわからない。他社も追従して代替技術を開発することも あり、ライセンスした方が得することもあるのでしっかりライセンスする かどうかを検討する必要がある。

　同じ企業内でも、部門間の縦割り意識が強くて競争意識があると、特定 の部門で開発された技術は他の部門では使わせたくないという態度に出る ことがあるが、それも一種のNSH症候群と言える。

　このようなNIH症候群やNSH症候群はオープン・イノベーションを阻 害し、企業に不利益をもたらすことがある。

【ポイント】
・　オープン・イノベーションとは社内に限らず、社外のノウハウや技術 　も活用してイノベーションを効率よく推進することである。
・　クローズド・イノベーションは社内だけですべての技術を開発して垂 　直統合型のイノベーションを実現しようというものであり、大企業で 　ありがちである。

- 技術の多様化とグローバル化による複雑でスピーディな開発が求められてきており、それらに対応するためにはオープン・イノベーションが重要になってきた。
- 自社に同じ技術があれば、それを活用することに越したことはないし、比較的容易に自社で開発できれば自社で開発するべきである。それらはコア技術となり、他の技術開発や次の製品開発に活用することができるからである。
- オープン・イノベーションの具体的な例として、①他社、自社の知財を適正な対価で相互に活用、②産学連携、③ベンチャー企業に投資し、最新技術を獲得、④受託生産による製造の水平分業、⑤コンセプト設計、デザインを委託などがある。
- 日本の企業と大学との連携は米国に比べると少ない。米国の著名な大学では企業との連携が密に行われている。
- 米国の企業によるベンチャー企業への投資は CVC によって組織化され、その投資額は巨額である。
- 台湾の EMS や LSI ファンドリは製造の部分だけを切り出して事業化し、主に米国のファブレス・メーカーの製品を生産している。台湾のEMSやLSIファンドリの事業は日本の電機メーカーがかつて強かった部分であり、日本の電機メーカーの弱体化の一因になっている。
- オープン・イノベーションを阻害する要因として NIH 症候群と NSH 症候群がある。
- NIH 症候群とは新製品を開発するとき、必要な技術が自社で開発されたものではないときにその技術は採用しないという考え方で、クローズド・イノベーションの考え方である。
- NSH 症候群とは他社から自社の優れたアイデアや技術をランセンスによって使わせてほしいという申し出があっても使わせてあげないというものである。そのアイデアや技術が優れているので自社製品に使って差別化し、一発逆転のシェア拡大を狙うことができると考える。

しかし、成熟した産業ではライセンスした方が利益向上に繋がることがあるのでよく検討する必要がある。

7.3 製造業のサービス化

　経済活動の業界を第一次産業（農林水産業）、第二次産業（鉱工業）、第三次産業（サービス業）の３つに分類される。歴史的に見ると古くは第一次産業に従事する人が圧倒的に多かったが、18 世紀半ばにイギリスで産業革命が起こると第一次産業から第二次産業に人の移動が起こった。イギリスに続いて産業革命が起こった国はそれぞれ第二次産業へ人の流入が起こった。そして現代のように工業製品が大量生産によって多くの人が購入できるようになると第二次産業からサービス業の第三次産業に人の移動が起こった。このように経済が発展すると、第一次産業から第二次産業、そして第三次産業への人の移動が起こる。この人の流れは先進国になれば必ず起こるものである。

　先進国の製造業では製品を売り切るだけでなく、継続してその製品の価値を維持するためにその製品に付随したサービスの事業化が進められている。製品の保守サービスや、売りきりではなくレンタル化やシェア化、ソフトウェアのサブスクリプションによるアップグレードなどさまざまな工業製品のサービス化が考案され、実際に事業化されている。つまり、第二次産業が第三次産業へシフトしている。

7.3.1 保守サービス

　工業製品には寿命があるが、製品寿命をできるだけ長くしたいし、故障は事前に回避し、できるだけ低コストで安定して使っていきたい。そのためには保守サービスが必要である。特に人命にかかわるような製品は定期的な保守点検によって故障しないような事前の措置が必要であり、法律で保守点検をすることが定められているものもある。

　保守サービスが法律によって定期的に行うことが決められていると、保守サービス会社にとっては安定的な収益が得られる事業になることが多い。そのために保守サービス会社はサービスの範囲を広くする方向に行く。

故障修理型と予防保全型、先制サービス型

　保守サービスはその対応の仕方によって、故障修理型と予防保全型、先制サービス型の3つに分類される。故障修理型は故障したら顧客の要求に応じて製造元が修理するというもの、故障しないように事前に点検して摩耗した部品などを事前に取り換える保守が予防保全型、顧客は決められた料金を定期的に支払えば、製造した企業が常に最適な状態にしておくのが先制サービス型である。

（1）故障修理型

故障したら修理するというもので、顧客の要求に応じて点検・修理がなされる。故障して修理している間は使うことができないので、その間は不便になり、顧客のストレスが蓄積される。修理費や保守部品代を顧客が支払わなくてはならないが、保守のための費用は少なくすることができる。

（2）予防保全型

事前に定期的に点検して摩耗した部品を交換して試験をし、故障を予防する。点検して部品交換している時間は使うことができないが、使うことが少ない時間帯を選んで行えば、顧客へのストレスを減らすことがで

きる。点検・修理代以外に消耗した部品の代金は顧客が支払うのが一般的である。保守をするメーカーの収益を上げるために過剰保守になることがある。人命に関わるような機器の場合には法律によって予防保全が義務化されていることがある。

(3) 先制サービス型

保守サービスの契約によって、顧客は利用するだけで、製品を購入することも保守の指示をすることもない。メーカー側が運用から点検、保守、部品の交換まですべてに責任を持ち、顧客には利用するサービスだけを提供する。メーカー側のきめの細かいサービスが期待でき、顧客は煩わしい定期点検や保守の事を考える必要はない。保守費用は多少高額になる可能性があるが、常に最適な保守が期待できる。

わかり易い保守サービスとして自動車の点検がある。日本では自動車が安全に走行し、かつ環境に配慮するために、予防保全型の定期的な自動車検査（車検）が法律で義務付けられている。また、半年毎の定期点検は義務ではないが、推奨されている。自動車は走行中に故障すると人命にかかわるので法令によって予防保全型の保守が義務付けられているのである。保守部品の購入は消費者なので保守部品を多く取り換えれば点検するディーラーの利益が増えるので、過剰保守になることがある。

次にエレベータの保守について述べてみる。筆者は米国のボストンに駐在していたが、住んでいたアパートは6階で、仕事をしていたオフィスは7階であった。アパートでもオフィスでもエレベータを利用することになるが、故障してエレベータが止まっていることがときどきあった。古いエレベータを保守しながら使っているということも原因のように思われるが、故障が頻繁に起こり、修理が完了しないことが何日も続くことがあったが、そのようなときはエレベータの待ち時間が長くなり、ストレスが蓄積される。ただ、エレベータは必ず複数台あるので長時間待てば使うことができ

る。高層ビルではそのような光景は見たことはないが、低層ビルではエレベータが止まって修理されていることは日常茶飯事である。

　日本ではどうだろう。点検しているために利用できないところに出会うことはあるが、エレベータが故障している場面に出会うことはめったにない。保守サービスが行き届いているからである。また、点検作業をしている時間はできるだけエレベータが利用されない時間帯を選んでいるので顧客に対するストレスも小さい。

　米国の低層ビルのエレベータは故障修理型の保守で、日本のエレベータは予防保全型の保守であるということができる。

◇ロールスロイスの"Power by the Hour"

　旅客機のジェット・エンジンの高圧タービン部分の回転数は１万回転／分まで達し、その温度は1500℃にもなる。このようにジェット・エンジンは過酷な環境で動作しているので、その部品は摩耗が激しく、高い頻度で部品を交換しなくてならなくなる。そのためにジェット・エンジンのメーカーは部品交換などの保守は大きなビジネスになるので、販売するときは大幅な値引きをしてでも受注しようとする。また、近年、世界で LCC (Low-Cost Carrier: 格安航空会社)が数多く台頭しているが、資金力が乏しく、自前で保守、点検、修理することが難しくなっている。

　英国のロールスロイスは米国の GE (General Electric) やプラット・アンド・ホイットニーと並んで世界の３大ジェット・エンジン・メーカーの一角であるが、顧客に満足してもらえるように"Power by the Hour" という保守ビジネスのサービスを行っている。これはジェット・エンジンの (稼働時間) × (出力) を単位として料金を徴収するという保守ビジネスである。エンジンの内部にセンサーを取り付け、ジェット・エンジン内部のデータを取得し、即座にそのデータを解析することによってどの部品を交換したらいいのかを判断して、作業を短期間に終わらせるようにする。作業時間を短くできれば、運航している時間を長くすることができ、それによ

って保守費を多く稼ぐことができるのである。さらに最適な整備計画や運航計画などを航空会社に提供することによってより質の高いサービスを顧客に提供し、保守サービスの範囲を拡大している。それによって顧客の満足度を高め、顧客をロックインすることができるのである。典型的な先制サービス型の保守である。

　ジェット・エンジンは航空機の一部なので、航空会社が購入することになるが、部品を定期的に交換する必要があり、ジェット・エンジンのメーカーは大幅な値引きをしてでもジェット・エンジンを納入して保守費で稼ごうとするので、このような先制サービス型の保守が生まれたと考えることができる。保守サービスをより高度なサービス業へと発展させ、収益性の高いビジネスへと変えている。

7.3.2 ソフトウェアのサブスクリプション化

　サブスクリプションとは雑誌などの定期刊行物の予約購読の意味である。このような期間を決めて利用するというビジネスモデルがソフトウェアの業界にも広まっている。

　パソコンのソフトウェアとしてマイクロソフトの OS であるウィンドウズや Office、アドビーの PDF を始めとするソフトウェアなどがよく用いられている。以前は、これらのソフトウェアは売り切り型であった。消費者はこれらのソフトウェアを購入して利用するが、メーカー側はインターネットを使ってバグを取ったり、高速化したりしてよりよい製品にするアップグレードするサービスを無償で行っていた。長期に亘って製品サポートを行うが、ある時点で大きくソフトウェアを変更する必要があると、バージョンアップして新たなソフトウェアにして売り出す。以前のソフトウェアはしばらくサポートするが、そのうち古いバージョンのソフトウェアのサポートは停止し、新しいバージョンのソフトの購入を促す。これが以前

のビジネスモデルであった。

　これが最近では初期費用を若干抑えて、製品サポートを有償化するサブスクリプション方式に変わってきた。サブスクリプション方式のビジネスモデルでは顧客がソフトウェアを購入すると、そこからメーカーとの関係がスタートする。メーカー側は顧客からもらう定期的な費用を使ってよりよい製品にしていき、顧客に継続して使ってもらおうとし、顧客満足度をより向上させることができる。顧客はサブスクリプション契約をしないとアップグレードされないので契約せざるをえなくなる。メーカー側はそれによって定期的に収入を得ることができ、しかも顧客を繋ぎとめておけるので、安定した収益が得られる事業にすることができるわけである。

【ポイント】
・　保守サービスは製造業の重要なサービスであり、特に人命に関わるような製品の場合には保守が法律で定められている。
・　保守サービスはその対応の仕方によって、故障修理型、予防保全型、先制サービス型がある。
・　故障修理型は故障したら顧客の要求に応じて修理するというもの。
・　予防保全型は定期的に点検して摩耗した部品などを交換し、故障を事前に予防するというもの。
・　先制サービス型は、顧客は利用するだけで、メーカー側が運用、点検、保守のすべての責任をもち、安全で高品質なサービスを提供するというものである。
・　近年、ソフトウェアを購入したときにサブスクリプションの契約をすると、高品質化、高速化などのアップグレードのサービスが受けられる。顧客は年間の契約維持のための費用を支払う必要がある。メーカー側は定期的な収入を得ることができ、安定した収益が得られる事業にすることができる。

7.4 ブルー・オーシャン戦略

　ブルー・オーシャン戦略は W. チャン・キムとレネ・モボルニュによって提案された現状のビジネスをより高付加価値なビジネスに変える手法である。上記の両氏による著書(3)(4)に詳しく述べられているので、参照していただきたい。ここでは簡単に説明する。

　一つの業界で市場規模が成長して大きくなると、多くの企業が参入してきて競合が激しくなる。市場が成熟しても同じような製品あるいは同じようなサービスがなされ、弱肉強食で血を血で洗うようなレッド・オーシャンの状態になってしまう。ブルー・オーシャン戦略とはそのようなレッド・オーシャン状態のとき、顧客価値の高い「大きな発想の転換」となるアイデアにより、ビジネスを作り替え、今までのビジネスとは全く違う特徴的な事業に作り変えてしまうことによって競合他社のいないブルー・オーシャンを悠々と泳ぐようなビジネスにするというものである。ただし、ブルー・オーシャン戦略はすべての市場を奪い取るというようなものではなく、一部の市場を変えてしまうことが多い。

　具体的には顧客価値の高い「大きな発想の転換」となるアイデアを中心に他社との差別化項目を決め、そこに集中して新たな価値を掘り起こすことが重要である。今までのビジネスと変わらない部分があるが、ビジネスを変えるために次のようなアクションを行う。

① 付け加える
② 増やす
③ 取り除く
④ 減らす

　ブルー・オーシャン戦略ではこれら4つのアクションを明確にしてビジネスの付加価値を高め、その特徴を際立たせるのである。図 7.4.1 はそれを視覚的に表したものである。

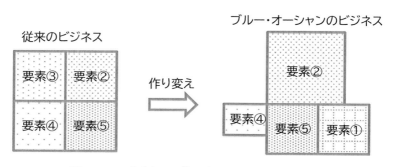

図 7.4.1 ビジネスの作り変えを視覚化

　ここで、要素⑤は変わらない部分である。上記の①から④までの 4 つの操作によって顧客にとって新たな付加価値を創出しなくてはならないので、十分に議論してコンセプトを明確に定義する必要がある。また、③取り除く部分や④減らす部分を作ることによってコストを下げる努力もしなくてはいけない。著書では全体的にコストを下げるようにしないといけないと述べられているが、付加価値が高くしてコストがかかることもある。

顧客価値の大きな発想の転換となるアイデアが必要

　これら 4 つのアクションによってビジネスを作り替える作業をするわけだが、重要なことは「顧客価値の大きい、大きな発想の転換となるアイデア」が何かということである。単に、4 つのアクションによってさまざまなアイデアを考え、ビジネスを作り変えるだけではブルー・オーシャンにはならない。顧客価値を大きく高めるような新しいアイデアが必要である。そのアイデアを中心に 4 つのアクションによってビジネスを作り替えるということである。

　ここでは 4 つのアクションによってビジネスを作り替えるフレームワークを紹介したが、「ブルー・オーシャン戦略」の著書には他にもいろいろなフレームワークが述べられているので使ってみていただきたい。

　著書の中ではポイント・ツー・ポイント方式によって LCC (Low Cost

Carrier）という格安運賃の航空便を開発したサウスウェスト航空、散髪だけに特化して低価格の散髪料金を実現した QB ハウス、体を動かしながら家族で楽しめる家庭用ゲーム機である任天堂の Wii、アクロバットからショースタイルのサーカスにしたカナダのシルク・ドゥ・ソレイユなどを例にどのようにビジネスを作り変えたかが述べられている。

◇サウスウェスト航空

　米国の一般の大手航空会社の航空路線はハブ＆スポーク方式で、ハブ空港に行って一回、乗り換えることによって目的地に行けるようになっている。このハブ＆スポーク方式は物流の基本的な手法で、一回、乗り換えることによっていろいろなところに行くことができ、便数を少なくして効率的に輸送することができる。

　ハブとは自転車などの車輪の中心部分で、スポークとは中心から車輪のタイヤの部分に放射状に延びている線状部品のことである。図 7.4.2 は車輪のハブとスポークを説明する図で、図 7.4.3 は米国の大手航空会社のハブ＆スポーク方式による航空路線の概念を示している。図からもわかるように、あるローカル空港から別のローカル空港に行くにはハブ空港で乗り換えればいくことができ、1 回の乗り換えで繋がっているどのローカル空港にもいくことができ、しかも、航空路線の数を少なくすることができる。このようなハブ＆スポーク方式は物流の基本的な手法であり、陸上の運送や宅配事業などでも行われている。

　この方式によって少ない便数で 1 回の乗り換えでいろいろな場所に行くことができるが、ハブ空港以外に行くときには 1 回の乗り換えが必要になり、乗り換えの待ち時間で時間がかかるという欠点がある。

図 7.4.2 車輪のハブとスポーク

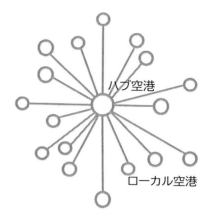

図 7.4.3 ハブ&スポーク方式に
よる航空路線の概念図

　そこでサウスウェスト航空は比較的多くの人が利用する航空路線は直接
ポイント・ツー・ポイントで乗り換えなく運行することによって時間を短
縮し、利便性を高めるビジネスにしたのである。サウスウェスト航空の「大
きな発想の転換のアイデア」はハブ&スポーク方式ではなく、利用する人
が多い路線はポイント・ツー・ポイント方式にしたところである。図 7.4.4
はサウスウェスト航空のポイント・ツー・ポイントによる航空路線の概念
図である。

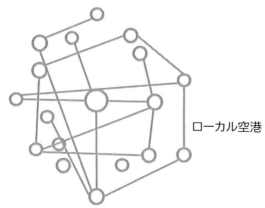

図 7.4.4 ポイント・ツー・ポイント方式による航空路線の概念図

サウスウェスト航空ではこのポイント・ツー・ポイント方式を基本的な事業の方針とすることによって、顧客が比較的多いローカル空港からローカル空港への航空路線を増やし、顧客にスピーディな移動を提供することができるようになった。したがって、ローカル空港からローカル空港に行く顧客を獲得することはできるが、路線に限りがあり、ハブ＆スポーク方式の大手航空会社の顧客をすべて取ることはできず、比較的顧客数の多い路線しか事業として成り立たないので、大手航空会社の路線の一部を獲得することとなる。

　他にも、費用のかからない機内サービスは増やし、費用の掛かる機内食やラウンジ、雑誌や新聞の購読などは減らすか有料にしたのである。また、空港の利用料金を減らすために大都市の中心的な空港は使わずに周辺にある小さな空港を積極的に利用している。実際、サウスウェスト航空の本社はテキサス州ダラスにあるが、ダラスにある巨大なダラス・フォートワース国際空港は使わずにダラス・ラブフィールド空港というローカル空港を拠点として使っている。これはローカル空港の方が空港の利用料金が低額なためである。

　表 7.4.1 はサウスウェスト航空の特徴を 4 つのアクションでまとめたものである。

		サウスウェスト航空にビジネス
①	付け加える	・ポイント・ツー・ポイントの便数 ・大都市の小規模な空港を利用
②	増やす	・スピード ・心のこもったサービス、楽しいサービス
③	取り除く	・ハブ空港での乗り換え ・座席の選択
④	減らす	・価格　　　　　　・空港の利用料金 ・機内食（有料化）　・ラウンジ（有料化）

　表 7.4.1 サウスウェスト航空の 4 つのアクション
（W. チャン・キムとレネ・モボルニュの「ブルー・オーシャン戦略」の内容を筆者が編集）

このようにして、サウスウェスト航空はそれまでの大手航空ビジネスとは異なった LCC という格安運賃の航空ビジネスを開拓した。LCC のビジネスは現在では広く世界に広まり、多くの新しい航空会社が誕生している。日本でもピーチ・アビエーション、ジェットスター・ジャパン、スカイマーク、富士ドリーム航空など 10 社以上の LCC が運航している。

　ケビン・フライバーグ他の著書(16)はサウスウェスト航空の歴史とさまざまな工夫をしたビジネス戦略についてまとめたものであり、興味のある方は一読いただきたい。

【ポイント】

・　一つの市場が大きくなって成熟すると、多くの競合企業が同じような製品、あるいは同じようなサービスを提供することとなり、弱肉強食のレッド・オーシャンの状態になってしまう。

・　そんなとき、「顧客価値の大きい、大きな発想の転換になるアイデア」によって、今までの事業とは全く違う特徴のある事業に作り変えてしまうことをブルー・オーシャン戦略といい、一部の市場を競合他社のいないビジネスにすることができる。

・　「顧客価値の大きい、大きな発想の転換になるアイデア」が重要であり、それを中心として①付け加える、②増やす、③取り除く、④減らすアクションを行う。

第8章 イノベーションを起こす 人と環境

　イノベータは生まれながらにしてその素養を持っているのか、それとも
イノベーションの素養は育てることができるのかという議論がある。また、
イノベータとしての素養があっても、イノベーションを起こすことができ
るかどうかはイノベータとしての素養を持った人が自分の能力を活かせる
環境とか、組織が整っているかどうかにもよるということは容易に想像で
きる。本章ではこのようなことを議論していく。

8.1 イノベーションを起こす人

　イノベータとしての素養は生まれながらの素養というのがあるようであ
るが、育った環境や教育、あるいは社会に出てからの環境によって育まれ
ていくようである。学生時代には成績がいいか悪いかはわかるが、イノベ
ータになれるかどうかはわからない。成績の良かった人が必ずしもイノベ

ータになれるとは限らない。逆に、一流大学を出た人は与えられた仕事を
しっかりこなしていれば、あるレベルまでの出世街道を歩むことになるか
ら、リスキーなことなどしないで失敗しないようにした方がいいと考える
かもしれない。そうするとイノベーティブなことは避けるようになるかも
しれない。会社などでいろいろな人と接し、部下の仕事ぶりを見ていると
イノベータとしての素養があるかどうかだんだん見えてくる。

イノベータは知識や論理を身に付ける

　知識のないところからイノベーションは生まれない。特に技術革新によ
ってイノベーションを起こす場合には専門知識が必要であり、最低一つの
秀でたコア技術を身に付けている必要がある。また、自分の専門分野での
最先端の技術が何かを知っている必要がある。

　技術以外にも数学や物理などの科学的な基礎知識も必要である。仕事を
進める上で自分の周囲でさまざまなことが起こるが、科学的な基礎知識が
あれば、周囲で起こることを論理的に理解し、驚きや異変を感じ取り、問
題点や課題を見つけ易いし、解決策も見つけ易いのである。

　また、イノベータには教養も必要である。そもそも教養とは何か。広辞
苑で調べてみると「単なる学殖・多識とは異なり、一定の文化思想を体得
し、それによって個人が身に付けた創造的な理解力や知識。その内容は時
代や民族の文化理念の変遷に応じて異なる。」とある。ここにある「創造的
な理解力や知識」とは、新しい知識が目や耳から入ったときに、頭の中で
自身の持っている知識と結合して新しい知識を生み出すことだと筆者は理
解している。つまり、破壊的イノベーションの新結合的な能力を含み、「ひ
らめき」を生む能力に繋がっていると理解している。また、広辞苑では「単
なる学殖・多識とは異なり」とあるが、あるレベル以上の学殖・多識は必
要であることは言うまでもない。学殖・多識があって、それらを結合させ
て新しいものを創出することができるのである。

イノベーションのアイデアは創業者や中間層から生まれる

　イノベーションのアイデアはどこから生まれるのか。このことについては「4.1.4 破壊的イノベーションのアイデアの源泉」のところでも述べているが、顧客ニーズからは生まれることはほとんどない。顧客ニーズから生まれるのは持続的イノベーションのアイデアである。破壊的イノベーションのアイデアは創業者やその一族、あるいは企業内部の中間層である課長クラスやその下のチームのリーダーや中堅のエンジニアあたりからイノベーションのアイデアが生まれることが多いようである。

　優れた創業者やその一族がトップにいる場合には長期的な視点で会社のことを考える。現状のままでは会社が立ち行かなくなってしまうと考えれば、企業を根本から変革しようと考え、実際に行動する。創業者やその一族は強い権限によって変革のアイデアを実際に行動に移すことができ、それがサラリーマン経営者にない強みである。

　企業の中間層が変革を考えるようになる理由として下記のようなことがあげられる。

- ・　実際に仕事に携わっていて問題点がよく見える。そして、その本質が見えるとその解決策も見えてくる
- ・　技術をベースに仕事をしているので日ごろから勉強していて技術のことをよく知っている
- ・　自分の将来を長期的に考える

　重要なことはこれらの中間層の人はやるべきだと思ったアイデアを発信し、上司がそのアイデアを吸い上げ、具体化するための環境を整えることができるかどうかである。

イノベータは自分のプロジェクトを創る

　筆者は長い間企業の研究所で仕事をしていたが、管理職になって部下を見ているとイノベータの素養があるかどうかがわかるようになった気がする。一言でいうと自分の考えで勝手にものを作り始めるような人がイノベ

ータになり得る。もちろん、常日頃から学会誌や専門雑誌を読んで先端技術の知識を身に付けている必要がある。そのような知識を頭の中で整理しておくことによって、チャンスが来たときに自分のアイデアを入れて新しい技術の開発を主体的に始めることができるのである。そのようなアイデアを整理して上司に提案して検討してから試作すればいいのだが、イノベータは往々にして勝手に始めてしまうことがあるので注意が必要である。そのまま、試作していいものが作れればいいのだが、失敗することがあるからである。いずれにしても、上司から何も指示されないときに自分で新しいことを見つけ出して新しいものを創り出していくような人がいたらイノベータの素養があると考えてもよいと思う。もちろん、新しいテーマは、将来、事業化が可能で、会社に貢献できそうなものでなくてはならない。ただし、技術が未熟なうちにそのようなことをすると大きな失敗をすることがあるので、注意する必要がある。

　技術はしっかりしたものを持っていて、上司から指示された仕事はきちっとこなせるが、上司から仕事が指示されないと、いつまでたっても何もしない、新しい仕事を見つけない、あるいは将来のための新しい技術の構想がいつまでたっても言えないような人はイノベータにはなれないように思われる。高い専門知識があって上司から指示されればアイデアを具現化することはできるのはインプリメンターであり、イノベータではない。もちろん、企業の中ではインプリメンテーションも重要な仕事である。会社の方針に従って上司からの指示で仕事をこなしていくことは企業活動として非常に重要なことである。技術者は、最初は上司からの指示でインプリメンテーションを行い、それを繰り返すことによって技術力を磨き、そのうち問題点を見つけ、それを解決する方策を考えるようになる。そして、それによって技術革新力を身に付け、能力のある人はイノベータになっていくのである。

　企業の中ではインプリメンテーションの仕事の方が圧倒的に多く、上司からの指示できっちり仕事をする人の方が上司からの受けがよく、出世も

速いように見受けられる。勝手に新しいプロジェクトを起こして何かを始めるような人は、上司自身がイノベータなら上司もその部下が頼もしいと思うかもしれないが、職場を支配し、統制しようとする支配型の上司だと「勝手なことをやっている」と思われ、往々にして上司から嫌われたりするので気を付けないといけない。上司とコミュニケーションを取って承認を得ながら、新しいことをやっていけばいいのだが、イノベータには自分の興味が先に立ち、いちいち上司に承認を取るとか報告することが煩わしいと思う人もいれば、うまくいってから報告しようとする人もいる。そのために報告しないとか、報告が遅れてしまうことがあり、上司とうまくいかなくなることがある。

イノベータはリーダーである

　リーダーの重要な仕事は「適切な目標を設定し、それを達成する」ことである。自分のアイデアで適切な目標を見つけることができればいいが、なかなか見つからないときは部下などの関係者と議論して優れたアイデアを発掘して「適切な目標」を見つけてもよい。なんとしてでも適切な目標を見つけ出さなくてはならない。ここで「適切な目標」の条件は次のようになる。

- ・　自分たちの組織のミッションに合致している
- ・　自分たちの組織の専門能力が生かせる
- ・　組織の人たちがその目標を達成することにやりがいを感じる
- ・　その目標を達成することによって会社に利益をもたらす
- ・　実現可能である

　リーダーにとって次に重要なことはその「適切な目標」を「限られた期限」の中で達成することである。リーダーは設定した目標を部下や関係者に知らしめ、そのために組織を作り、部下を鼓舞し、支援し、障害を排除しながら、計画に従って、期限内に目標を達成する。

　イノベータも同じである。イノベータは革新的技術や、それを使った製

品あるいはビジネスを「適切な目標」として設定し、その目標を部下や関係者と共有し、一緒になって達成しなくてはならない。そのために重要なことはイノベータが自分で設定した目標を達成する、あるいは達成したいという強い意志、自己実現のための志を持ち、行動することである。

イノベータは新しいことに挑戦して結果を出す

　新しいことに挑戦しても成功しないかもしれないという不安を感じる人もいるが、イノベータはそのようなことはあまり気にせず、躊躇せずに新しいことに挑戦する。自分がやってみたいと思うことに挑戦するのである。

　世界でだれもやっていないことに挑戦することができればいいが、他の先進的な業界では実現されているが、自分のいる業界ではまだだれもやっていないので、他の業界から技術を持ってきて技術革新に挑戦するというのでもよい。ある業界では当たり前の技術でも別の分野では全く新しい技術になることは往々にしてある。そのような場合には他の分野から技術を持ってくればイノベーションになることがある。新しいことに挑戦していると、中には思いがけなくイノベーションに繋がることもある。そのためには常に事業に貢献するシナリオを模索することも重要である。

　挑戦したら、結果を出さなくてはならない。企業の中で結果とは事業に貢献することである。新しいことに挑戦しているのだから、すべてが順調に事業に貢献できるとは限らない。失敗することもあるだろう。日本人はプロセスを重要視するので、失敗しても「一生懸命、頑張ったのだから、いいではないか」と言う人がいるが、筆者はこのことばには納得がいかない。企業人である以上、時間がかかってもいいから、あきらめることなく事業に貢献しなければ意味がないと考えてしまう。事業に貢献できなければ失敗であり、失敗として認めざるを得ない。長い会社人生ですべてが成功するとは限らない。新しいことにチャレンジしている人は失敗することもあり、一度成功している人にはその失敗を許容する風土も必要である。

　新製品企画やイノベーションのために特定のテーマでブレイン・ストー

ムをしてアイデア出しをすることがある。チームの中で議論するといろいろなアイデアが出てくる。その中で良さそうなものを深堀し、ブレイン・ストームの結果として報告書にまとめる。ここまでは一般に行われる。問題はその先である。いろいろ出てきたアイデアの中でリーダーが「これは面白そうだ」「これを実現すれば事業が拡大する」あるいは「効率化される」という優れたアイデアを選択して実行に移すということが重要である。リーダーが動かなければ部下は動かない。リーダーが出てきたアイデアの中から目標を設定し、リーダーの強い意志で計画を作り、実現すると心に決め、行動しなければ、ムダな作業をしただけになってしまう。

イノベーション力を磨く

革新技術を創出するには研究開発目標を探求し、いくつかの候補から適切な目標を設定し、それを試作してデモをすることである。デモを関係者に見てもらい、事業に適用できるか評価してもらう。事業に適用できると判断されれば、事業部門が中心になって事業化を推進する。

ここで、革新技術を創出するイノベーション力を磨くために重要なことは適切な目標を探求し、目標を設定し、実現するプロセスを繰り返すことである。それによってイノベーションのスキルが向上する。

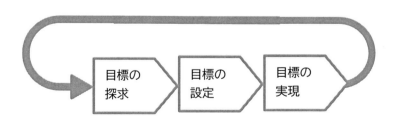

図 8.1.1 イノベーション力を磨くルーチン

「適切な目標を探求し、設定する」ために、クリステンセンの著書(7)では下記の4つの能力が重要で、それらを習慣化することが重要であると述

べている。

- 観察する
- 疑問を持ち、質問する（疑問を究明する）
- 異分野、異文化との交流
- 関連付ける

　これらの能力の中でイノベーションには「関連付ける」能力が最も重要であるとクリステンセンは述べている。知識のないところからイノベーションは生まれない。現在保有している知識は頭の中でさまざまな形で関連付けられているが、そこに新しい知識や課題が入って新たな関連付けができることによって全く新しい知識や概念が生まれることがある。それがイノベーションのアイデアに繋がるのである。このことについては下記のように先人も同じことを言っている。

- アップルのスティーブ・ジョブズ：「創造とは結び付けること」
- アインシュタイン：「創造的思考は組み合わせ遊び」
- シュンペーター：「イノベーションは新結合」

　専門家であってもＴ型人間とかΠ（パイ）型人間がいいということがよく言われるが、これも関連付けに関係していると考えられる。ＴやΠの縦棒は専門知識で、横棒は他の専門分野の知識や教養、科学の基礎知識などである。Ｉ型人間は専門知識だけという人で、一つの専門を掘り下げることによって新たな専門知識が得られる。しかし、Ｔ型人間やΠ型人間は専門知識とその他の専門分野や教養、科学の基礎知識を関連付けることによって新たなアイデアや知識が生まれるということである。アカデミアの分野では学際領域（異なる専門分野がまたがっている学問領域）といわれている分野である。最近では∇（ナブラ）型人間とか三角形人間がいいと言われている。これは複数の専門分野に精通している人間がイノベータとしていいということになる。限られた時間で多くの専門分野に精通することは難しいが、新しい知識が生まれる可能性は高くなる。ＩからＴ、ＴからΠ、Πから∇になるにしたがって新結合による新しい知識が生まれる可能性が

高まる。

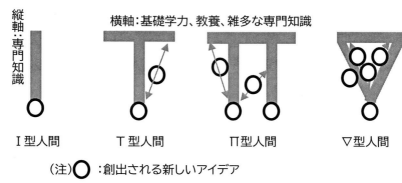

（注）⬤：創出される新しいアイデア

図8.1.2 さまざまなタイプの人間

　この「適切な目標を探求し、設定する」ために必要な能力として筆者はクリステンセンが述べている4つの能力に加えて下記の能力や知識を追加したい。

・　高い専門能力とその分野での最先端技術を理解
・　概念化能力（問題の本質を見抜き、解決策を考える）
・　考え抜く力（執着心）

破壊的イノベーションを起こすにはコア技術としての高い専門能力が必要であることは言うまでもない。そしてその分野での先端技術が何かを理解している必要がある。それは自分が実現しようとしている開発がその分野でどのような位置付けにあるのかを理解するためである。

　概念化能力は問題の深層にある本質を見抜き、その本質的な問題を解決するにはどうしたらいいのかということを考えることができる能力である。また、それらをわかり易く説明できる能力も重要である。わかり易く説明できるということは問題や解決策の本質を理解しているからである。

　考え抜く力とは問題を解決するための方策を徹底的に考え、最終的にはその解決策を生み出そうとする執着心である。問題点は見つかったけど、

解決策が見つからず、簡単にあきらめてしまうようでは、イノベーションは起こらない。「考えて、考えて、考え抜く」という姿勢が必要である。これはイノベータに講演していただくとときどき出てくることばでもある。

「目標の実現」にはクリステンセンの著書(7)に述べられているように「試してみる（行動力）」が必要なことは言うまでもない。実際に試作して、関係者に見てもらい、支援者を見つけなくてはならない。筆者はこの「試してみる」ことに次の2つを付け加えたい。

- 強い意志、志（自己実現の意欲）
- 調整力、プレゼンテーション力

企業の中で新しいことをやろうとするとさまざまな障害物に突き当たる。斬新なものほど抵抗や障害が大きいものである。そこで何としてでも成し遂げようとする強い意志や志がないと簡単に潰されてしまう。特に上からの問題点の指摘などにはへこたれない気持ちが重要である。そして、そこで必要になってくるのが事前の調整力やプレゼンテーションの能力である。自分がやりたいことをしっかり説明し、調整する能力である。しかし、イノベータには煩わしいことが苦手な人が多く、すぐに行動してしまい、調整などせずに勝手に行動してしまう人も多いようである。そのために、周囲から勝手な人だと思われる人が多いように見受けられる。そのようになるとせっかくいい成果を上げてもいい評価をされないことがある。すぐに行動してもよいが、常に上司や関係者とコミュニケーションを取り、わかり易く説明する姿勢が必要である。

【ポイント】
- 知識のないところからはイノベーションは生まれない。イノベータはある程度の教養や学殖、専門知識が必要である。
- イノベータは自分の持っている教養、学殖、専門知識と外部からの新しい知識や課題から「ひらめき」を生み、行動する。
- イノベーションのアイデアは創業者やその一族、あるいは最下層のマ

ネージャやその下のリーダーや中堅技術者などの中間層から生まれることが多い。

- イノベータは自分のプロジェクトを創る。イノベータは自分で新しい仕事を作って行動できる人である。自分のアイデアを上司に提案できればいいが、イノベータは突っ走ってしまうことがあるので注意が必要である。

- 上司に言われた仕事をきっちりこなす人はインプリメンターであり、イノベータではないが、上司の受けはいい。インプリメンターはイノベータになるための過程でもある。インプリメントの仕事は企業の中で圧倒的に多い。

- イノベータはリーダーである。自分の立場やミッションを理解し、「適切な目標」を見つけ出して「限られた期限」までに達成する。

- イノベータは新しいことに躊躇なく挑戦する。ただし、常に事業への貢献を意識していないとイノベータにはなれない。

- イノベーションのテーマは自分の業界でまだだれもやっていなければよい。そのために先進的な他の業界から技術を持ってくるとイノベーションになることがある。

- イノベーション力を磨くには常に情報をかき集めながら、(1)目標の探求、(2)目標の設定、(3)目標の実現を繰り返すことである。

- Π型人間、∇型人間になると新結合の可能性が高くなり、イノベーションを起こせる可能性が高くなる。

- クリステンセンはイノベーティブな目標を探求するためには「観察する」「疑問を持ち、質問する」「異分野、異文化との交流」「関連付ける」習慣を身につけることが重要であると説く。筆者はその上に「最先端技術の理解」「概念化能力」と「考え抜く力」を磨くことが重要であると考える。

- イノベータは専門知識だけではなく、他の専門知識、教養、基礎科学の知識も必要である。さらに言えば、複数の専門知識があった方がよ

い。
- さらに、目標を達成するためにはクリステンセンの言う「試してみる」能力は必要であるが、筆者はそれに「強い意志と志（自己実現の意欲）」、「調整力、プレゼンテーション能力」が必要であると考える。

8.2 イノベーションを起こす環境

　前項で述べたイノベータがその能力を発揮できる環境がなくてはイノベーションを起こすことはできない。そのためには、イノベーティブなアイデアを持った技術者や中間層の管理者たちが自分の能力を十分に発揮できるような環境を構築する必要がある。

オープンな環境を作る
　イノベーションを起こすための環境として「オープンな環境」を作ることが最も重要である。オープンな環境とは「自由に議論ができる場が提供されている環境」のことである。人と違った意見が言える雰囲気、自分の意見を遠慮なく言える雰囲気、上下の関係なく議論ができる雰囲気がある場であり、このような環境があれば、イノベーティブなアイデアが創出され、それが発展する可能性がある。強面の支配型リーダーがいて、いつも上意下達で、下からは言いたいことも言えないような環境では、部下がいいアイデアが思いついてもテーブルの上に乗せて議論することが難しく、実現に至るまでが難しいとか、時間がかかることがある。
　オープンな環境を作れるかどうかはその組織のリーダーの運営の仕方によるところが大きい。組織のリーダーがその組織を支配しようとする支配的なリーダーでは、組織内でのコミュニケーションが上意下達で、上から

下に一方的にしか情報の伝達が行われなくなってしまい、そのような場では突拍子もない優れたアイデアが議論のテーブルに乗りにくい。リーダーは部下が意見やアイデアを言いやすい場を作り、部下が行動するときにはそれを支援するような態度を取ることが大切である。

　もう一つ重要なことは議論ができるかどうかである。日本の学校教育では議論をする訓練がなされていない。自分の意見をしっかり言って議論し、最終的にはリーダーが決定することになるが、組織が正しい方向に行くようにしないといけない。しかし、日本人はどうも議論が苦手である。支配的リーダーは会議などで断定的に強く自分の意見を言ってしまうことがある。管理職の中には部下に対して強く当たるのが管理職としては当たり前で、そのような態度に出るのが上に立つ者だと思っている人もいる。そのため、支配的リーダーに対して部下は日頃からあまり意見は言わないというか言えないことも多い。支配的リーダーは部下から意見されることを好まないからである。そのために支配的リーダーの意見が間違っていると本人が気付いてもあまり強く言ってしまうと後戻りしにくくなってしまうことがある。また、部下がリーダーの意見は間違っていると気付いても攻撃されるのを嫌って、間違いを指摘せずに過ぎてしまい、後になって大きな問題になるようなこともある。

　上意下達よりも双方向のコミュニケーションによって徹底的に議論し、多くの知恵を出し合ってよりよい解決策が見つけられるようにしないといけない。そのような職場風土を作るのは職場のリーダーである管理職である。また、そのような議論の仕方や習慣を若いときから身に付けることができる教育や訓練が必要である。

尖った能力を研鑽できる組織にする

　日本人は同質性を好む。学校には入学式があり、会社には入社式がある。多くの大企業の新入社員の初任給も同額で、同じ研修を受け、同じように工場や販売店で職場実習を行う。始めるときはみんな同じで、同じ線上に

並ばせたがる。このやり方はチームとしてみんなで同じ方向に向き、同じ品質のものを大量に作るためには優れたやり方である。しかし、別の見方をすれば「出る釘を打つ」という行為そのものである。優秀でない人を引っ張り上げるにはいいが、優秀な人にとっては自分の尖った部分を引っ込めさせられ、しばらくは活用できないというデメリットがある。

　このような風土になると、人と異なった意見は出にくくなるし、上司の言うことと異なった意見は言いにくくなる。しかし、同じ意見ばかり出し合っても新しいアイデアは出にくい。異なった意見をぶつけ合うことによって新しいアイデアが生まれるのである。個人の尖った部分を大切にし、それが活用されるような環境が必要である。リーダーは多様な意見を尊重し、それらを増幅させることによってより優れた結論を得ることができる。

　近年、高校の生徒が物理や化学に興味を持たなくなり、物理や化学の履修をしない生徒も多くなってきたということがいろいろな場所で聞かれ、問題視されるようになった。筆者のいた企業だけでなく、高度な技術をベースに事業を営んでいる製造業の人たちや大学の先生方もそのことに危機感を感じるようになり、さまざまなところで議論されるようになった。そして生徒たちにもっと物理や化学がさまざまな産業で使われていることを知ってもらい、さらには興味を持ってもらうために、製造業の研修部門の技術者や引退された先生方が小学校、中学校、高校に出かけていって実際に製品に使われている理科の理論を教えるような理科教育支援活動が活発になった。自治体でもそのような活動を支援するために組織が作られ、予算化されたりしている。

　筆者のいた研修部門でもそのような社会の流れに乗って、技術者が近隣の小中高に出かけて行ってさまざまな理科の授業を行った。筆者もある小学校の六年生のクラスで当時発売されて話題になっていた立体視のテレビがあったので、その立体視の原理を説明する授業を行ったことがある。ステレオグラムという視差のある2つの平面画像を左右の目で別々に見るこ

とによって奥行き感のある立体的な映像を実感することができる。それを使って立体視の原理を説明し、実際にステレオグラムを使って立体視を体験してもらうという授業内容である。ほとんどの生徒が初めての体験だったようで、立体的に見えるという驚きの声と多くの質問でクラスの中は騒然となってしまい、たいへん活気に満ちた授業を行うことができた。他の講座を担当している講師に聞いても同じで、みんな小学生に教えるのは活気があってとても楽しいという感想であった。

　しかし、中学生に対する理科の授業は全く違っていたようで、クラスは静まり返って活気がなく、質問もほとんど出ないので、つまらないということだった。高校も同じである。この小学生と中学生の違いの原因が何なのか筆者は長い間わからなかった。会社の中で議論してもよくわからなかった。筆者はある大学の大学院で非常勤の講師としてイノベーションを教えていたとき、「イノベータになるにはわからないところはすぐに質問をして、問題を解決するような習慣を身に付けるべきであるが、中学生あたりから質問をしなくなるのはなぜですか」と学生たちに質問してみた。例によって学生たちはなかなか答えてくれなかったが、ある学生がはっきり「中学生ぐらいから自分がみんなと違う存在になるのがいやだから」と答えてくれた。簡単なことだがなるほどと思った。どうも中学生ぐらいから同質の人が集まったコミュニティにいるのが気持ちいいと感じるようになるようである。小学生では自分のやりたいようにやっていてもいいが、中学生ぐらいになると周りから自分だけ人と違っているように見られるとか、自分が尖った能力を持った存在であることが明らかになるのは気持ちがよくないようである。このような状態が高校生、大学生になっても続いていくのである。そして会社に入っても新入社員というラベルを張られ、まずは同一のラインに並ばされるのである。

　米国には飛び級制度があり、20歳ぐらいで名門大学の博士を取得する人もいると聞く。米国は能力のある人はオープンにその能力を認め、いっそう自分を研鑽できる社会、風土になっており、これがベンチャー企業を育

む風土になっている一因のように思われる。日本の企業文化は至る所にゲートがあって年齢によってそのゲートの開閉が行われ、それぞれの場所で一旦、尖った能力を見えないところに納めさせているように見える。イノベーションには尖った能力を持った人が賞賛され、いっそう尖ったものに研鑽されるような風土や環境が必要である。

シャワータイムを確保する

　シャワータイムとはリラックスしてゆったり思考できる時間や空間のことで、それを確保することが重要である。仕事に集中するのはいいが、長時間集中しすぎるのはよくないのかもしれない。長時間集中していても、なかなかいいアイデアが浮かばないことがある。そんなとき、ぼんやりするとか、シャワーを浴びるとかお風呂に入る、あるいはスポーツなどで体を動かしてみるなどして気持ちを切り替えてみることもいいかもしれない。このような時間を意識的に作ることが大切である。

　デフォルト・モード・ネットワークということばがある。これはぼんやりしているときの脳の内部の状態のことであるが、この状態に脳の中にある感情や知識の中から必要なものを結び付け、新しい「ひらめき」を生み出してくれることがあるそうである。まさにひらめきを生み出してくれる脳の状態なのである。つまり、ひらめきが生まれる瞬間の脳の状態はぼんやりしているときと同じであり、そのような状態を作ることによってひらめきが生まれるのである。

　筆者はかつて3年半、米国のボストンに駐在していたが、年に6、7回、仕事のために日本とボストンを往復していた。成田とボストンとの間の飛行時間は行きと帰りでは異なるが、当時は直行便がなかったので、乗り継ぎの待ち時間も入れると片道で17時間から20時間ぐらいになった。パソコンを開いたり、本を読んだりして時間を潰すのだが、そのうちぼんやりし始める。ぼんやりして4時間か5時間したときにときどきハッとアイデ

アが浮かぶことがあった。不思議といつも4時間か5時間ぐらい経ってからであった。当時はなぜだろうと思ったが、日本に帰ってからNHKの番組で、ノーベル賞受賞者で京大教授の山中伸弥がデフォルト・モード・ネットワークを解説されているのを見てなるほどと思った。

◇ホンダのビジネスジェット

　自動車メーカーのホンダは2015年からビジネス用のジェット機であるホンダジェットをビジネス化し、2017年には米国のビジネスジェット機市場で販売の首位になった。それまでのビジネスジェット機は機体の高さが低いので主翼の下にジェット・エンジンを取り付けることができず、胴体の後方にジェット・エンジンが取り付けられていた。そのためにエンジン音が室内に響くという騒音の問題があった。この問題を解決するためにホンダジェットでは主翼の上にジェット・エンジンを取り付けたのである。このアイデアは開発を担当していたホンダの当時の技術者でのちにホンダ・エアクラフト・カンパニーのCEOになる藤野道格がまさに眠ろうとしているときに思い付いた。思い付いてすぐに起き上がって壁にかけてあったカレンダーを破り、その裏にアイデアのイメージを書き留めたそうである。藤野が描いた当時のスケッチが今でも残っている。これもまさに眠ろうしてぼんやりしているときにひらめいたものであると思われる。

ひらめいたアイデアはメモにする

　ついでにもう一つ言っておくと、ぼんやりしているときにひらめいたアイデアは忘れやすい。忘れないようにしようと心がけても忘れてしまうことが多い。忘れないようにするためには、いつも手帳を携帯して思い浮かんだアイデアを手帳に書き込むのがいい。そのためにはバッグの取り出しやすいところに手帳を置いてすぐに取り出せるようにし、アイデアが浮かんだらすぐに手帳に書き込むことを習慣化することをお勧めしたい。面倒だけど手帳に書き込むのである。

【ポイント】
- イノベーションを起こせる環境で重要なことは自由に議論できる「オープンな環境」を作ることである。強面の支配型リーダーがいるような環境ではいいアイデアが浮かんでも議論できない。上意下達より双方向のコミュニケーションによる議論が重要である。
- オープンな環境を作れるかどうかはその組織のリーダーの運営の仕方によるところが大きい。
- 技術者の尖った能力を研鑽できる組織を作ることが重要である。「出る釘を打つ」のではなく、尖った能力をより優れたものにする方策が必要である。
- リラックスするとか、ぼんやりする「シャワータイム」を確保することも重要である。リラックスしてぼんやりしている脳の状態をデフォルト・モード・ネットワークというが、「ひらめき」が生まれる状態と同じであるとのことである。
- ぼんやりしているときにひらめいたアイデアは忘れやすいので、メモ帳を常に携帯し、ひらめいたアイデアはメモしておく。

8.3 セレンディピティ

　イノベータの方々に講演をしていただくと、ときどき「幸運の女神」に巡り会ったという話をされる方がいる。新しい技術や新製品の開発を目指しているときに大きな問題に突き当たって困惑していると、何かが現れて一気にその問題が解けて先に進むことができるような経験をすると「幸運の女神が微笑んだ」という感じになるのである。

幸運に巡り会うのは能力

　幸運に巡り会うのは偶然に起こったというのではなく、「幸運に巡り会う能力」を持っていたと考えるのがセレンディピティである。広辞苑でセレンディピティを引くと『(お伽話「セレンディップ(セイロン)の三王子」の主人公が持っていたところから)思わぬものを偶然に発見する能力。幸運を招き寄せる能力』とある。セレンディピティは単なる「棚から牡丹餅」ではない。「棚から牡丹餅を獲得する能力」である。何もしなければ幸運には巡り会えない。何か目標に向かって遮二無二考え、努力し、何かものを作ってデモしたときなどに、ときどき幸運に巡り会うのであり、それは能力なのであるという考え方である。

　問題意識を持ちながら目標に向かい、何かをしながら日々の生活をしているとときどき何かの拍子にその問題が解かれることがあるが、それを幸運と感じるのではないだろうか。それはその人に与えられたあるいは切り開いた機会をうまく活用して何らかのひらめきが得られたということであろう。問題意識を持たずに漠然とした生活をしていると何も解かれないし、何も得られないということは言うまでもない。

　「幸運とは努力した人だけに与えられるご褒美である」と言った人もいる。幸運にはいろいろあるようだが、「幸運な発見」というのが多いようである。何かを試してやっているうちに失敗した結果や間違えて行った結果、偶然から新たな発見をすることである。

　以下にノーベル賞受賞者らによるいくつか事例を示す。

◇ノーベルによるダイナマイトの発明

　ノーベル賞の創設で有名なアルフレッド・ノーベルはニトログリセリンの研究を行っていたが、ニトログリセリンは液状なために爆発し易くて扱いにくかった。運搬中に保存容器にたまたま穴が開いていて、ニトログリセリンが容器のクッション材に使用していた珪藻土にしみ込んだ。そのニトログリセリンがしみこんだ珪藻土を固形化して爆発させてみたところ、

爆発力は変わらなかった。ノーベルはこれをダイナマイトとして販売して巨万の富を得てノーベル賞を創設したことはよく知られている。

◇3M のポストイット（付箋）の発明

3M の研究員のスペンサー・シルバーは、強力な接着剤を開発しようと研究していたが、よくくっつくが、はがれやすい接着剤ができてしまった。その後、同僚の研究員が最初は本のしおりに使えると考え、しばらくしおりとして使われていたが、付箋紙やメモ用紙として製品化できるのではないかと考え、ポストイットとして商品化され、世界中で爆発的に売れるようになった。

◇ペニシリンの発見

英国の病理学者アレクサンダー・フレミングがシャーレでブドウ球菌の培養を行っていたが、ブドウ球菌が増えないところがあることを発見した。その部分を分析すると、偶然飛んできた青カビが原因であることがわかり、青カビから抗生物質のペニシリンを取り出すことに成功し、戦争で負傷した兵士を感染病から救った。フレミングは 1945 年にノーベル生理学医学賞を受賞している。

◇ニュートリノの検出

東大教授の小柴昌俊は岐阜県飛騨市の神岡鉱山の跡地に造られたカミオカンデで陽子の崩壊を検出しようとしていたが、素粒子のニュートリノを検出し、2002 年にノーベル物理学賞を受賞した。

小柴はのちにこんなことを言っている。「運を捕まえられるかどうかは、日頃から準備していたかどうかだ」と。素粒子の観測を行うカミオカンデの運転が開始された翌月に大マゼラン星雲の超新星爆発がおこり、その観測がノーベル賞に繋がったために多くの人に「小柴は幸運だ」と言われた。しかし、みんなに同じ機会があったわけであり、周到な準備をして最初に

ニュートリノを発見したのは小柴である。周到な準備をしていたかどうかがカギなのだということを小柴は言いたかったようである。周到な準備をしていなければ、チャンスが来ても捕まえられないという意味でもある。

◇導電性高分子の発見

東工大で助手をしていた白川英樹のところにいた留学生にポリアセチレンの合成をさせようと、白川がその仕方を指示した。ところが、その留学生は mg を g と読み間違えて 1000 倍もの触媒を入れてしまった。その時にできたのが電気を通す導電性高分子のフィルムであり、高分子の世界の大発見へと繋がった。白川は 2000 年にノーベル化学賞を受賞した。

幸運をつかめる範囲の所まで行く

ノーベル受賞者の中にも偶然の幸運を実感している人が多くいる。一般に有名な発見の半分以上は偶然から生まれたとも言われている。しかし、幸運をつかめない人も多くいる。偶然に幸運をつかむためには幸運をつかむことのできる範囲があり、そこまで行かないと幸運をつかむことはできない。偶然に発見するとか、偶然に思い付くとか、偶然に支援者が現れたと感じても、その人がその幸運を手に入れることができる範囲の所まで入り込んだから幸運をつかめたのである。偶然に何かを発見するにはさまざまな実験や試行錯誤が繰り返されたからであり、偶然に何かを思い付くにはいろいろな知識の蓄積と「考えて、考えて、考え抜いた」からであろう。偶然に支援者が現れたとしても、試作品を作ってデモをするとか、関係者にプレゼンテーションをしたとかの結果であろう。口で自分の考えを話しているだけではなかなか支援者も現れない。「ひらめき」は必要あるが、その後の行動と努力があって、幸運をつかむことができる範囲の所まで行くことができるのである。そうすると時として幸運に巡り会うことができるわけである。

機会をつかむ

　マルコム・グラッドウェルの著書(8)にも「機会」の重要性が指摘されている。どんなに才能があってもその才能を生かす機会がなければその才能は生かされない。自分の才能を生かすためには生かせる機会がある場所に行くか、自分の才能を生かせる状況を自分で作らないといけない。そうすることによってたまにしかやってこない機会に巡り合うことができる。たとえば、発明とかビジネスに優れた才能がある人がいたとしても、人里離れた山奥で暮らしていたのではその人の才能が発揮できず、その才能は埋もれたままになってしまう。その人の才能が発揮できるところ、たとえば、大学の研究室とか企業に入るとか、起業するとかをしないとその才能を発揮できる機会には巡り会わない。

　また、機会がやってきても何もしないで「ぼうっと」していると、気が付かないうちにその機会は通り過ぎて行ってしまう。機会はいつまでも待っていてはくれない。瞬間的に訪れる場合もあるので、すぐに対応できるように準備しておく必要がある。後になって、あのときああすればよかったと悔やんでも後の祭りである。

　自分で行動し、努力して試してやってみないと機会に遭遇しないし、幸運の女神にも巡り会うことはできない。また、機会や幸運の女神は何もしないと通り過ぎて行ってしまうので、しっかりアンテナを張って機会や幸運が訪れたら即座につかまないといけない。

【ポイント】
・　セレンディピティとは「幸運に巡り会う能力」である。幸運はただ待っているだけではなかなか訪れない。
・　幸運をつかむには、幸運をつかめる範囲の所まで行かないといけない。試作品を作って、積極的に関係者にデモやプレゼンテーションをするとかの行動が必要である。

215

- 人生にはさまざまな機会や幸運が訪れるが、それをうまくつかむことが大切である。機会や幸運がやってきても「ぼうっと」していると通り過ぎてしまうので、しっかりアンテナを張って訪れた機会や幸運を即座につかまないといけない。

あとがき

　本書では、筆者の 33 年間の電機メーカの研究所での研究開発の経験とその後の 10 年間の社内教育、特にイノベーションに関して学んだ知識からイノベーション、特に破壊的イノベーションについて体系的、論理的にまとめてみたつもりである。イノベーション、特に破壊的イノベーションは、このようにやればできるといった、決まった論理で起こすことは難しいが、イノベーションとは何か、特に破壊的イノベーションにはどのような種類があって、それらの特性は何かを理解することによって少しは論理的に思考することもできるのではないかと思う。

　本書の要旨について述べる。

　第 1 章ではイノベーションとは一体何なのかということについて述べた。イノベーションとは技術革新であるが、その革新によって創出された製品が社会に普及し、収益化されないとイノベーションとは呼ばれない。イノベーションのプロセスは(1)革新的技術の創出、(2)事業化、(3)収益化の順で行われ、収益化して初めて(1)で生まれた革新的技術がイノベーションだったと認識されるのである。

　技術革新の創出には新しいアイデアのひらめきが必要であり、そのアイデアがきらめいていないといけない。その技術がなるほどと思わせるようなものでないといけない。技術の積み重ねによってより優れた製品を作ることも重要ではあるが、それは改良であって、革新技術にはならない。

また、イノベーティブな製品によって新しいことばが生まれることがある。「スマホ」とか「ググる」、「ハイブリッド」などがそうである。

　イノベーションを技術の成長という視点で横軸に時間、縦軸に技術の性能とするグラフで表すとＳ字曲線で表されることが知られており、黎明期、成長期、成熟期で構成される。黎明期は試行錯誤しながら革新的技術を創出するステージで、最初の製品が開発されて事業化される。事業化された製品が顧客に受け入れられれば、成長期を迎えることになり、市場が拡大して新規参入者が次々と入ってきて熾烈な差別化技術の開発競争が行われる。成長期のターゲットはボリュームゾーンであり、そのマーケットシェア獲得が目標となる。そのうち、差別化技術や性能向上で開発するべきことがなくなってくると成熟期に入る。成熟期に入ると低コスト化による価格競争が中心になる。ローエンド機種やハイエンド機種の開発も行われてラインアップされ、ニッチな製品も開発される。

　イノベーションは基本技術の変化によって、破壊的イノベーションと持続的イノベーションに分類される。基本技術を変えてしまうのが破壊的イノベーションで、基本技術は同じだが、それを改良して著しく性能を向上させるとか、機能向上させて付加価値を上げるものが持続的イノベーションである。

　また、イノベーションはその対象によって分類することもできる。製品そのものを変えてしまうものが製品イノベーションであり、その製造方法やサプライチェーンを変えて低コスト、高品質にするのが工程イノベーションである。工程イノベーションの目的とよく似ているが、複数企業が絡んでビジネスを成立させるとか、利益の源泉を変えてしまうようなイノベーションをビジネスモデル・イノベーションと呼ぶ。

　第２章では破壊的イノベーションと持続的イノベーションについて、特に破壊的イノベーションを分類してそれぞれの特性を多くの事例を用いて解説した。破壊的イノベーションと持続的イノベーションは対になっていて、一般には持続的イノベーションが起こらないと破壊的イノベーション

2

が起こったとは言えない。

　本書では破壊的イノベーションを①高性能型、②ローエンド型、③新指標型、④新結合型、⑤新機能型の5種類に分類している。高性能型破壊的イノベーションはベースとなる基本技術に全く異なった技術を使用することによって現有製品より圧倒的に高い性能を実現するものである。そのために現有市場が完全に破壊されてしまうことがある。ローエンド型破壊的イノベーションはベースとなる基本技術が今までとは異なった破壊的技術により、現有製品より性能は低いが、圧倒的に低価格な製品にするもので、現有製品が徐々に駆逐されていくイノベーションである。新指標型破壊的イノベーションは顧客が求める性能などの指標が徐々に変わってしまう、あるいは現在は使っていない新しい顧客が現れて今までとは違う指標を求めるために起こるイノベーションである。以前の指標も残り、現有市場を完全に破壊するというものではない。新結合型破壊的イノベーションはすでに開発されて存在する技術や製品を現在の製品に新たに結合させることによって新たな付加価値を持った今までとは全く異なった製品を創出するイノベーションである。現代において最も期待されているイノベーションであると言われている。新機能型破壊的イノベーションは今までに同様の機能を提供できる技術や製品が存在しなかった、全く新しい機能を提供するイノベーションである。適切な用途を見つけるのに時間がかかることがある。

　持続的イノベーションは差別化技術の開発が中心で、優秀な技術者や営業マン、生産工場を抱えている大企業が得意である。実際、大企業は多くの研究開発のリソースを持続的イノベーションに投資し、顧客の維持、新規獲得を目指す。

　第3章は大企業が破壊的イノベーションを起こすことが困難な理由について解説している。大企業にはすでに多くの顧客がいて、顧客ニーズを中心に開発を進めるために持続的イノベーションが中心になってしまうためである。顧客ニーズは次機種開発においては非常に重要である。顧客ニー

ズを満たすことができれば顧客は購入してくれるからである。しかし、顧客ニーズだけを重視していると顧客ニーズのない破壊的技術の提案は軽視し切り捨ててしまうことがある。これをクリステンセンは「イノベーションのジレンマ」と呼んだ。イノベーションのジレンマは大企業病であり、特に事業が好調で多忙な事業部門は新技術に無関心である。また、破壊的技術の経済的価値を評価するのは難しく、研究開発部門も顧客ニーズのない破壊的技術を提案するより、顧客ニーズのある持続的技術の開発を提案した方が上層部には通り安い。そのようなわけで、大企業ではなかなか破壊的技術の開発には着手せず、破壊的イノベーションに乗り遅れてしまうことがある。

第4章では破壊的イノベーションを推進するにはどうしたらいいのかということについて日米を比較しながら述べている。

米国はベンチャー企業が発達していて、今までも多くのベンチャー企業が破壊的イノベーションを起こし、近年でもGAFAMを中心に巨大企業ができてきた国である。ベンチャーへの投資額も巨額で、ベンチャーのためのコミュニティがある。また、起業で失敗しても米国では人材の流動性が高く、次の仕事も見つけ易い。これらのことがベンチャー企業の設立を後押ししている。

一方、日本ではベンチャー企業への投資額は米国に比べると圧倒的に小さく、ベンチャー企業を育てようという文化も乏しい。大学の学生たちも安定している大企業に就職することを希望している。日本の有名な大学や研究機関は国立が多いせいか、これらからスピンアウトすることも少ない。歴史的にみると、近年は少なくなってきたようにも感じられるが、日本から生まれて世界を席捲した破壊的イノベーションの製品の多くは大企業から生まれている。そのようなわけで、日本の破壊的イノベーションは大企業から創出するような仕組みが作られることを筆者は期待したい。

では、どのようにして破壊的イノベーションを推進するのかというと、まず、経営層がイノベーションを推進するということを社員に宣言する必

要がある。具体的にはそのための組織を作り、相応の予算を割り当てることである。創業者やその一族がいる企業では長期的な視点に立って、事業の変革を起こすことがある。サラリーマンの集まりである企業ではイノベーションを起こす仕組みを作ることが重要である。新事業を行うための仕組み、破壊的技術を開発するための仕組みを作ることである。グーグルや3Mのように就業時間の20％とか15％は自分のやりたいことをやっていいから、成果だけしっかり出しなさい、という仕組みもいいのかもしれない。あるいは3Mのように新製品比率を経営指標として決めておくというやり方もある。これらの中で自社に合ったいくつかの施策を取り入れていく必要がある。

　破壊的技術のアイデアは顧客ニーズからは生まれない。破壊的技術のアイデアは企業の内部から生まれる。成熟した市場では各社の提案が「どんぐりの背比べ」になってしまうことがあり、そのようなときに破壊的技術が顧客に注目されることもある。破壊的技術は別の先進的な業界から持ってきてもよい。また、破壊的技術は問題点が多く、優秀な人が真っ先に問題点を見つけ、問題点を突っつき続けると、簡単に潰すことができるので、育てようという意識がないと発展しない。

　第5章では顧客が直接、購入する製品のイノベーションと、製品を製造する工程や物流工程を効率化する工程イノベーションについて解説している。最初に破壊的技術によって製品の破壊的イノベーションが起こり、それが顧客に受け入れられると、性能や新しい機能で差別化しようとする持続的イノベーションへと発展する。そのうち、成熟期を迎えると差別化するべきものが少なくなり、低コスト化競争が始まり、工程イノベーションが起こることがある。工程イノベーションは低コスト化と高品質化のためのイノベーションであり、企業の内部に閉じたものであり、外部からは見え難い。

　工程イノベーションは地道な活動であることが多く、また、時間をかけてじっくりと行われる。低コスト化と高品質化がうまくいけば、企業の利

益に直結するので、業績への即効性が高い。

　1980 年代から 1990 年代の前半にかけて日本の製造業は世界の先進国に多くの製品を販売したが、これは工程イノベーションによるところが大きい。日本の製造業はトヨタ生産方式を取り入れて、製造工程からムダを徹底的に取り除き、低コストで高品質な製品を作る組織能力を身に付けたのである。

　しかし、現在は韓国、台湾、中国などにおいて巨額資本投資や低賃金によって、電子機器や家電などにおいて低コスト化や高品質化が進み、日本のいくつかの産業が停滞するきっかけとなっている。一般に、新興国が発展するときには工程イノベーションから入っていく。

　第 6 章はサービス業のイノベーションについて述べている。基本的には製品のイノベーションと同じで、モノか無形のサービスかの違いであり、顧客に提供される付加価値を高める新サービスを提供する破壊的イノベーションが起これば、さらに発展させる持続的イノベーションもある。また、新サービスを提供するイノベーションもあれば、低コスト化や高品質化を行うための工程イノベーションもある。

　第 7 章はビジネスモデル・イノベーションについて述べている。本書では次のいずれかのイノベーションをビジネスモデル・イノベーションとしている。(1)他社との連携によって製品化を図る、(2)利益の源泉が変わってしまう、(3)ビジネスの仕方を変えて顧客に対する便宜が向上する。

　製品内部の部品あるいはモジュールとその間のインタフェースを含めて全体を最適に設計に設計された製品を統合型製品といい、内部のインタフェースを標準化し、インタフェースのルールを守りながら、部品やモジュールを部分最適に設計される製品をモジュール型製品という。また、製品内部のインタフェースを外部に公開して低価格で優れた部品やモジュールを使おうとするのがオープン戦略で、内部のインタフェースを見せないのがクローズド戦略である。

　統合型製品とモジュール型製品、オープン戦略とクローズド戦略でマト

リックスを作成すると、一般に製品はクローズドな統合型製品から出発してクローズドなモジュール型製品へ移る。ここで留まる製品もあれば、さらにはオープンなモジュール型製品へ発展する製品もある。オープン・モジュール型製品は低価格になり、市場が巨大になる。このような状態になったときに勝ち続けるためには「他社が真似できない高度な技術を持つ」企業か、「コスト耐力があって価格で勝てる」企業である。オープン・モジュール型製品が発展するとコモディティ製品になってしまうことがある。これは性能や機能で製品の差別化ができなくなり、価格だけで勝負する製品である。「他社が真似できない高度な技術を保有し続ける」ために(1) 継続した投資と改良開発、定期的な製品のアップグレード、(2) 技術のブラックボックス化、(3) オープンにした技術をコントロールする力の保持が必要である。オープンにして何もせずに同じところに留まっていてはいずれ真似されてしまう。

　オープン技術を作るために標準化がなされる。標準化には公的な標準化組織によって定められるデジュール標準、市場原理によって決められるデファクト標準、特定の業界において関係する企業が集まって定められるフォーラム標準の 3 種類がある。デジュール標準は自社の特許化された技術をいかにして標準化するかということが課題であり、特許を持たずに標準化された技術を使って製品を作るとライセンス料を支払うだけになる。デファクト標準は先に市場を支配した企業が勝つ。市場を支配すれば、技術をコントロールすることもできる。

　技術の多様化とグローバル化が進展し、スピーディな開発が求められてくると、自社の技術以外に他社の技術も活用して新製品を開発しようというオープン・イノベーションの考えが生まれてくる。すべて自社で技術を開発しようとするクローズド・イノベーションより企業社会全体の効率は向上する。産学連携、ベンチャー企業の育成と買収、製造の水平分業、コンセプト設計やデザインの外部委託など、近年、さまざまな形でオープン・イノベーションが進展している。しかし、大企業には NIH 症候群や NSH

症候群などの意識が残っていることがあり、オープン・イノベーションを阻害している。

　製造業も製品を売り切るだけでなく、継続してその製品価値を維持し、さらには付加価値を高めるために製品に付随したサービスの事業化が進められている。たとえば、保守事業は伝統的には故障修理型で、故障したら修理するというものであったが、特に人命に関わる機器の場合には、定期点検によって事前に摩耗した部品を交換して故障を予防する予防保全型に移行している。また、顧客は利用するだけで、煩わしい保守のことはすべてメーカ側に任せる先制サービス型の保守も一部の業界で広まりつつある。

　また、最近ではソフトウェアのサブスクリプション化が進展している。パソコンの OS や Office などのソフトウェアは、かつては売り切り型であったが、近年では初期費用を若干抑えて、製品サポートを有償化するビジネスに変わってきている。

　大きな市場でビジネスが成熟してくると、競合が激しくなり、弱肉強食のレッド・オーシャン状態になってしまう。そのようなとき、「顧客価値の高い大きな発想の転換」となるアイデアによってビジネスを作り替えてしまうのがブルー・オーシャン戦略である。競合のないブルー・オーシャンを悠々と泳ぐようなビジネスにするというものである。

　第8章はイノベーションを起こす人や環境とはどのようなものかということについて述べた。学生時代に成績がよかったからイノベータになれるかというとそうでもなさそうであるが、専門知識や教養、科学的な知識はある程度必要である。知識のないところからイノベーションは生まれない。知識があって、新しい知識が入ってくると新結合が起こるとか、ひらめきが生まれ、革新的な技術が生まれるのである。

　企業の中で、イノベーションのアイデアはどこから生まれるのか。マーケティング理論では顧客ニーズを重要視するが、破壊的イノベーションのアイデアは顧客ニーズからはほとんど生まれない。創業者やその一族、あるいは企業の中間層である課長クラスやその下のリーダーあたりからイノ

ベーションのアイデアが生まれることが多いようである。創業者やその一族は長期的な視点で会社の在り方を考える。中間層の人たちは現実的な問題点がよく見え、技術もよくわかっていて、自分の将来を長期的に考えることができるからであろう。

　では、イノベータはどのような人かというと、自分で新しいプロジェクトを創れるような人である。知らないうちに何か新しいことをやっているような人である。技術はしっかりしたものを持っていて、上司から指示された仕事はしっかりこなすが、自分から新しい仕事を作らないような人はイノベータではなく、インプリメンターである。インプリメンターも重要であり、企業の中ではインプリメントの仕事の方が圧倒的に多い。インプリメントの仕事を繰り返して技術力を磨き、新しい仕事を創り出してイノベータになってほしいと思う。また、イノベータはリーダーである。リーダーは新たな「適切な目標」を設定して、それを達成する人である。ここで、適切な目標とは自分たちのミッションに合致し、専門能力が活かせて、やりがいがあり、会社に利益をもたらし、実現可能なものである。イノベータは行動力があり、設定した目標は達成する。

　イノベーション力を磨くには(1)目標の探求、(2)目標の設定、(3)目標の実現というプロセスを繰り返すことである。上記の(1)(2)の能力を養うためにはクリステンセンは「観察する」「疑問を持って質問する」「異分野や異文化との交流」「関連付ける」ことを習慣化することが重要であると言っている。これらの中で「関連付ける」能力はイノベータにとって非常に重要であるということは多くの先人や経営者も言っている。そのためにはＴ型人間に留まらず、Π型人間、▽型人間が必要になってくる。また、(1)(2)の能力を養うためには、筆者は「高い専門能力」「概念化能力」「考え抜く力」を付け加えたい。(3)の能力を養うためにクリステンセンは「試してみる」ことを述べているが、筆者はこれに「強い意志と志」「調整力、プレゼンテーション力」を付け加えたい。破壊的イノベーションになりそうなことに取り組むとさまざまな障害物に突き当たるが、それらを突き破らない

といけない。

　イノベーションを起こす環境として最も重要なことは「オープンな環境」である。オープンな環境とは「自由に議論ができる場が提供されている環境」のことである。人と違った意見が言える雰囲気、自分の意見を遠慮なく言える雰囲気、上下の関係なく議論できる雰囲気である。強面の支配型リーダーがいて上意下達でしか情報が流れないような職場では部下のアイデアはなかなかテーブルには乗らない。オープンな環境が作れるかどうかはその職場のリーダーの態度による。

　次に、優れた技術者がより優れた技術者になるように、尖った能力が研鑽できる組織にすることが重要である。優秀な技術者でも若いからといってつまらない仕事をさせていては優れた技術者に育つのには時間がかかる。

　個人の習慣によるところが大きいが、「シャワータイムを確保する」ことも重要である。仕事に集中するのはいいが、ときどきぼんやりしてみるとか、シャワーを浴びるとか、スポーツをするとかして気持ちを切り替えることが重要である。デフォルト・モード・ネットワークということばがあるが、これはぼんやりしているときの脳の内部の状態で、このような状態のときに「ひらめき」が生まれるそうである。

　イノベータの方々に講演をしていただくと、ときどき「幸運の女神」に巡り合ったという話をされる方がいる。幸運に巡り会うのは能力であると考え、それをセレンディピティという。世の中の有名な発見の半分以上は偶然から生まれたと言われている。しかし、何もしなければ幸運はつかめない。幸運をつかめる範囲があり、思考錯誤や行動などをしてその範囲まで行かないと幸運をつかむことはできない。また、そのような幸運の機会をうまくつかむことも重要である。幸運や機会はときどきやってくるが、「ぼうっと」していると、気が付かないうちにその幸運や機会は通り過ぎて行ってしまう。幸運や機会はいつまでも待ってはくれないし、瞬間的に訪れる場合もあるので、すぐに対応できるように準備をしておく必要がある。

だいぶ長くなったが、以上が本書の要旨である。

　本書の中でも述べたが、1990 年代の始めに日本の一人当たりの GDP は米国の 1.5 倍あり、先進 7 ヵ国の中ではトップであったが、近年は米国の一人当たりの GDP が日本のそれの 1.5 倍以上あり、日本の一人当たりの GDP は先進 7 ヵ国では 6 位が定位置である。GDP が伸び悩んできた理由の一つはかつて日本が得意だった工程イノベーションは中国、韓国、台湾などの国々の台頭や日本企業の海外進出によって日本だけのものではなくなってきたことがあげられる。そして、もう一つは日本発の製品やサービスの破壊的イノベーションが少なくなったように筆者には感じられる。グローバルに見ても製品の破壊的イノベーションは 20 世紀に比べれば少なくなってきたようであるが、今後、日本の製造業の付加価値を上げるためには製品イノベーションにおいて、革新的技術による破壊的イノベーションを推進する必要があると筆者は考える。工程イノベーションを維持しながら、製品の破壊的イノベーションにも重点を置くような施策が必要なのではないだろうか。

　本書が、実際に新技術や新製品の研究開発を担当する技術者や、新しい事業を開拓する事業企画を担当される方々に、新しいことへの向かう時の考え方や方向性、そのときに発生しうる問題点を見つけ出し、その解決策を生み出す手助けになればと思う。また、破壊的イノベーションに立ち向かう恐怖心のようなものが払拭し、破壊的イノベーションの実現に突き進んでいただきたいと思う。

参考文献

(1) アッターバック, ジェームズ著、大津正和、小川進監訳 「イノベーション・ダイナミクス」 1998年 有斐閣

(2) ヴォーゲル, エズラ著、広中和歌子、木本彰子訳 「ジャパン アズ ナンバーワン: アメリカへの教訓」 1979年 TBSブリタニカ

(3) キム, W・チャン、モボルニュ, レネ著、有賀裕子訳 「ブルー・オーシャン戦略」 2005年 ランダムハウス講談社

(4) キム, W・チャン、モボルニュ, レネ著、入山章栄監訳、有賀裕子訳 「新版 ブルー・オーシャン戦略」2015年 ダイヤモンド社

(5) クリステンセン, クレイトン著、玉田俊平太監修、伊豆原弓訳 「イノベーションのジレンマ」 2001年 翔泳社

(6) クリステンセン, クレイトン著、玉田俊平太監修、櫻井祐子訳 「イノベーションの解」2003年 翔泳社.

(7) クリステンセン, クレイトン、ジェフリー・ダイアー、ハル・グレガーセン著、櫻井祐子訳 「イノベーションのDNA 破壊的イノベータの5つのスキル」 2013年 翔泳社

(8) グラッドウェル, マルコム著、勝間和代訳 「天才! 成功する人々の法則」 2009年 講談社

(9) コトラー, フィリップ、ケラー, ケビン・レーン著、恩蔵直人監修、月谷真紀訳 「マーケティング・マネージメント」 2008年 ピアソン・エデュケーション

(10) ゴビンダラジャン, ビジャイ他著、渡部典子他訳 「リバース・イノベーション」 2012年, ダイヤモンド社

(11) サローナー, ガース、シェパード, アンドレア、ボドルニー, ジョエル著、石倉洋子訳 「戦略経営論」 2002年 東洋経済新報社

(12) チェスブロー, ヘンリー著、大前恵一朗訳 「OPEN INNOVATION ーハーバード流イノベーション戦略のすべて」 2004年 産業能率大学出版部

(13) バーニー, ジェイ、岡田正大訳 「企業戦略論（上）基本編」 2003年 ダイヤモンド社

(14) フィンケルシュタイン, シドニー著、橋口寛監訳、酒井泰介訳 「名経営者が、なぜ失敗するのか?」 2004年 日経BP社

(15) フォスター, リチャード、大前研一訳 「イノベーション ー限界突破の経営戦略」 1987年 TBSブリタニカ

(16) フライバーグ,ケビン、フライバーグ・ジャッキー著、小幡照雄訳 「破天荒 サウスウェスト航空ー驚愕の経営」 1997年 日経BP社

1

(17) ポーター,マイケル著、土岐坤他訳　「競争の戦略」　1982 年　ダイヤモンド社
(18) ポーター,マイケル著、土岐坤他訳　「競争優位の戦略」1985 年　ダイヤモンド社
(19) レビンソン, マルク著、村井章子訳　「コンテナ物語」　2017 年　日経 BP 社
(20) 小川紘一、「オープン＆クローズ戦略　日本企業再興の条件」2014 年　翔泳社
(21) 小倉昌男　「小倉昌男経営学」1999 年　日経 BP 社
(22) 榊原清則　「イノベーションの収益化」2005 年　有斐閣
(23) 澤泉重一、片井 修　「セレンディピティの探求」2008 年　角川学芸出版
(24) 中田行彦　「シャープ企業敗戦の深層」、イースト・プレス、2016.3.20
(25) 延岡健太郎　「価値づくり経営の論理　日本製造業の生きる道」　2011 年　日本経済新聞出版社
(26) 一橋大学イノベーション研究センター編「イノベーション・マネージメント入門」　2001 年　日本経済新聞出版社
(27) 藤本隆宏　「日本のもの造り哲学」　2004 年　日本経済新聞出版社
(28) 湯之上 隆　「日本型ものづくりの敗北」　2013 年　文春新書
(29) 三谷浩治　「経営戦略全史」2013 年　ディスカバー21、
(30) 宮永博史　「成功者の絶対的法則　セレンディピティ」　2007 年　祥伝社
(31) 「ベンチャー白書 2019」　2019 年（一般財団法人）ベンチャーエンタープライズセンター出版
(32) ウィキペディア：「ダイナコネクティブ」「キルビー特許」「NTSC」「CVCC」「アップル I 」「マスキー法」「VHS」「ベータ・マックス」など

　1975 年、東京工業大学工学部制御学科卒。三菱電機（株）に入社し、研究所にてマイクロプロセッサ、高速グラフィックス、大画面表示システムなどの研究開発に従事。1985 年から 1 年間マサチューセッツ工科大学（MIT : Massachusetts Institute of Technology）メディア研究所客員研究員。三菱電機の研究所にて部長、部門統轄を務めた後、米国の研究所 MERL (Mitsubishi Electric Research Laboratories)上級副社長。MIT スローン校で「エグゼクティブ MOT(Management Of Technology:技術経営)」コースを修了。2008 年、三菱電機・人材開発センター長、シニアアドバイザーを務め、2018 年 3 月退職。画像電子学会理事、日本工学教育協会理事、神奈川大学非常勤講師、立命館大学大学院非常勤講師などを務めた。

　2018 年 5 月に企業内教育のためのビーゲート・コンサルティング株式会社を設立し、代表取締役社長に就任。現在、国立研究開発法人農研機構非常勤顧問、東京工業大学大学院グローバルリーダー教育課程審査委員。工学博士（東京工業大学）。

(Email: kameyama.masatoshi@begateconsulting.biz)

改訂版 1.0

イノベーションの構造
イノベーションを起こす研究者や技術者
新事業の企画者のために

著　者　亀山 正俊

発行日　2022 年 8 月 2 日

発行者　高橋 範夫

発行所　青山ライフ出版株式会社

　　　　〒 108-0014

　　　　東京都港区芝 5-13-11　401

　　　　TEL：03-6683-8252

　　　　FAX：03-6683-8270

　　　　http://aoyamalife.co.jp　info@aoyamalife.co.jp

発売元　株式会社星雲社（共同出版社・流通責任出版社）

　　　　〒 112-0005 東京都文京区水道 1-3-30

　　　　TEL：03-3868-3275

　　　　FAX：03-3868-6588

印刷所　モリモト印刷

　　　　©Masatoshi Kameyama 2022　printed in Japan

　　　　ISBN978-4-434-30654-9

※本書の一部または全部を無断で複写・転載することは禁じられています。